C·H·Beck

PAPERBACK

W0234147

Vierzig Jahre nach ihrer ersten Begegnung erreicht François Cheng ein Brief von einer lange verlorenen Freundin. Sie bittet ihn, ihr zu erklären, was es mit der Seele auf sich habe. Seine Antwort schreibt er ihr in sieben Briefen, nachdem er selbst ein Leben lang nach den Geheimnissen der Seele gesucht hat. Gibt es sie überhaupt? Wie zeigt sie sich? Was verdanken wir ihr? Wie können wir die Seele eines anderen erblicken? Tastend durchquert François Cheng die Landschaft in unserem Innern und befragt die großen Weisen und Dichter des Ostens wie des Westens, des Altertums und der modernen Zeit. Dabei nähert er sich der Einsicht an, dass es am Ende doch – trotz allen Einsprüchen der Moderne – die Seele ist, die bleibt, auch wenn Körper und Geist von Schwäche befallen werden. Sie ist das Einzigartige und darum das Kostbarste in jedem Menschen und zugleich das Geschenk, das jeder in das Leben der Welt einbringen kann. François Chengs Briefe mit ihrem sanften, lebensweisen Ton sind ein berührendes Trostbuch für unsere Zeit.

François Cheng, geboren 1929 in China, siedelte mit neunzehn Jahren nach Frankreich über. Er hat Romane, Gedichte und philosophische Sachbücher verfasst und ist darüber hinaus ein berühmter Kalligraph. 1998 wurde er mit dem Prix Femina ausgezeichnet. Seit 2002 ist er Mitglied der Académie française. Bei C.H.Beck sind von ihm erschienen: *Fünf Meditationen über die Schönheit* (^{3}2017) und *Fünf Meditationen über den Tod und über das Leben* (2015).

FRANÇOIS CHENG

Über die Schönheit der Seele

Sieben Briefe an eine wiedergefundene Freundin

Aus dem Französischen
von Thomas Schultz

C.H.Beck

Die deutsche Ausgabe erschien zuerst 2018 in gebundener Form
im Verlag C.H.Beck.

Die Originalausgabe erschien auf Französisch unter dem Titel:
De l'âme. Sept lettres à une amie
© Éditions Albin Michel, Paris 2016

1. Auflage in C.H.Beck Paperback. 2019
Für die deutsche Ausgabe:
© Verlag C.H.Beck oHG, München 2018
www.chbeck.de
Satz: Fotosatz Amann, Memmingen
Druck und Bindung: Druckerei C.H.Beck, Nördlingen
Umschlaggestaltung: Rothfos & Gabler, Hamburg
Umschlagabbildung: Zhu Da (Bada Shanren), Chrysantheme,
1692, Tusche auf Papier, Museum für Ostasiatische Kunst, Köln
Autorenfoto: © Patrick Swirc
Printed in Germany
ISBN 978 3 406 74229 3

⌒myclimate
klimaneutral produziert
www.chbeck.de/nachhaltig

Inhalt

Erster Brief

Liebe Freundin,

auf Ihren ersten Brief habe ich Ihnen unverzüglich geantwortet. Als ich nach mehr als dreißig Jahren eine Nachricht von Ihnen erhielt, hat mich das so berührt, dass meine Reaktion nur ein Ausruf der Überraschung sein konnte. Ihren zweiten Brief, der hier vor mir liegt, habe ich lange mit mir herumgetragen, und erst heute versuche ich, Ihnen eine Antwort zu geben. Den Grund für diese Verzögerung haben Sie vermutlich schon erraten, denn Ihr Brief enthält eine eigentümliche Aufforderung.

«Spät in meinem Leben», so schreiben Sie mir, «entdecke ich, dass ich eine Seele habe. Nicht dass ich ihre Existenz zuvor ignoriert hätte, aber ich spürte nicht, dass sie wirklich war. Hinzu kam, dass in meinem Umkreis niemand dieses Wort mehr aussprach. Doch nachdem ich eine ganze Weile gelebt und mich von vielen Dingen losgemacht habe, drängt sich mir jetzt dieses unauflösbare, ungreifbare und zugleich körperlich reale Gebilde auf. Es wohnt tief in mir und lässt mich nicht mehr los. Und dann, eines Tages, erinnerte ich mich an diese so weit zurückliegende, schon verschwommene, wie aus einem anderen Leben stammende Begegnung, in deren Verlauf Sie ganz nebenbei dieses Wort in unser Gespräch einfließen ließen. Ich war zu jung, um es so im Vorübergehen aufzufangen. Inzwischen habe ich mehrere Ihrer Schriften gelesen, und heute bin ich ganz Ohr. Sind Sie einverstanden, mir von der Seele zu erzählen? Mir scheint, von da aus würde alles wieder wichtig und offen.»

Meine erste Regung auf Ihre Anfrage, die ich hier wörtlich wiedergeben wollte, war, mich davor zu drücken. Ist die Seele nicht gerade das, worüber man nicht reden darf, will man sein Gegenüber nicht verstören? Weder darf man es noch kann man es. Soll es einer doch versuchen! Er wird sich ebenso hilflos fühlen wie jemand, der zu definieren suchte, was die Zeit, das Licht oder die Liebe ist. Und doch sind all das Dinge, deren Existenz niemand von uns leugnen kann und von denen sogar unsere Existenz abhängt.

Heißt das, dass ich mich nun damit abfinde, Ihnen nur mein Schweigen entgegenzustellen? Nein. Kurz nachdem ich Ihre Zeilen gelesen hatte, änderte ich meine Meinung. Denn Ihren Satz «Spät in meinem Leben entdecke ich, dass ich eine Seele habe» meine ich mehrmals selbst gesagt zu haben. Aber ich habe ihn stets sofort in mir erstickt aus Angst, lächerlich und altmodisch zu wirken. Allenfalls in einigen meiner Texte und Gedichte habe ich es gewagt, diese nicht mehr gebräuchliche Bezeichnung zu verwenden, was Sie sicher dazu bewogen hat, mich so entschieden zu ersuchen: «Erzählen Sie mir von der Seele.» Angesichts Ihrer Aufforderung begreife ich, dass für mich der Moment gekommen ist, die Herausforderung anzunehmen, oder anders gesagt, mich mit dem nötigen Mut auszustatten, gegen den Wind zu segeln. Wo befinden wir uns eigentlich? In Frankreich. In diesem Land, das als der toleranteste und freizügigste Flecken der Erde gilt und wo dennoch eine Art intellektuelle «Schreckensherrschaft» regiert, die als freidenkerisches Lächeln in Erscheinung tritt. Im Namen des Geistes, in seiner engstirnigsten Auffassung, sucht sie jegliche, als unterlegen oder obskurantistisch erachtete Idee der Seele herabzusetzen, um den Geist-Körper-Dualismus aufrechtzuerhalten, an dem sie so großen Gefallen findet. Mit der Zeit gewöhnt man sich an diese stickige, auslaugende geistige Atmosphäre. Seltsamerweise scheint dieses Phänomen vor allem das französische Mutterland zu betreffen; anderswo, in Übersee, kommt das Wort «Seele» natürlicher über die Lippen und ohne eine Grimasse oder ein Achselzucken hervorzurufen, obwohl auch dort sein Inhalt oft vage und verschwommen geworden ist.

Hier jedenfalls neigt der Begriff der Seele dazu, von unserem Horizont zu verschwinden, um nur noch in feststehenden Redewendungen zu überleben, die die Sprache uns bewahrt hat: «ein Herz und eine Seele», «Seelenstärke», «etwas ohne Seele tun», «verwandte Seelen», «eine schwarze Seele haben», «eine Seele von Mensch», «seine Seele retten» usw. Um die Wirklichkeit zu bezeichnen, die das Wort «Seele» ursprünglich erfassen sollte, greift man auf immer zahlreichere und unbestimmtere Begriffe zurück, die unsere geistige Welt überschwemmen. Man erzählt uns etwas von der «inneren Welt», vom «Innenleben» oder noch platter vom «Innersten». Man spricht uns vom «Feld», von der «Tiefe» und in besonders dramatischen Fällen vom «Schlund» oder «Abgrund». Um mehr Poesie bemühen sich Ausdrücke wie «Seelenlandschaft», «innerer Garten» ... Bei einem eher theoretischen Ansatz geht man von der Idee der Psyche aus und führt Begriffe wie «psychischer Apparat» und «Identitätszentrum» ins Feld. Speziell aus dem Bereich der Psychoanalyse erreicht uns ein vielfältiges Vokabular, das die miteinander verknüpften und zugleich versprengten Aspekte unseres innersten Wesens zu erfassen sucht: das «Unbewusste» natürlich, sei es individuell oder kollektiv, das «Ich», das «Über-Ich», das «Es», die «Triebe» ...

Angesichts dieser Fülle von Begriffen fühlt sich der moderne Zeitgenosse verloren. Die Einheit seines Wesens ist zerbrochen. Er nimmt es als einen Haufen bunt zusammengewürfelter, beliebig zusammengefügter Elemente wahr, als ein bruchstückhaftes Gesicht, mit Verweisen gespickt, die keine echte Einheit der Person ergeben. Wagt er sich vor einen Spiegel, um seinem zersprungenen Bild gegenüberzutreten, weiß er nicht mehr, wo ihm der Kopf steht, weiß nicht mehr aus noch ein. Ein Porträt ganz im Stil von Picasso oder Bacon! Kurzum, er ist nur noch «ein kümmerliches Häufchen von Geheimnissen», wie André Malraux sagte, und er weiß nicht, wie er aus diesem «Haufen ein Ganzes» machen soll, so die Formulierung von Régis Debray. Er wendet sich häufig um Hilfe an Glückshändler und Schönheitschirurgen, damit sie ihm ein neues, scheinbar stimmiges Gesicht anfertigen, das dem von irgendeiner gesellschaftlichen Instanz festgelegten Kanon entspricht. Ein geliehenes Gesicht, dem wohl genau *ein* Bestandteil fehlt, ein ganz entscheidender: die Seele.

Ich schreibe Ihnen aus der Touraine, wo ich ein wenig Erholung suche. Ein vorzeitiger Frühling empfängt mich hier. Die plötzliche Blüte der Kaiserbäume und Kirschbäume überzieht die alten Mauern mit ihrer violett und rosa leuchtenden Pracht. Voller Freude über das frische zarte Grün an den Zweigen und das dunklere Grün der von Schneeglöckchen übersäten Wiesen erwachen überall die Vögel. Während die Spatzen und Meisen Körner vom Erdboden picken, zwitschern sie sich munter zu, und der ganze von ihren Rufen widerschallende Hang ist ein einziges Erwarten. Am Himmel durchschneiden die zurückgekehrten Schwalben die Luft gleich den flinken Händen der Schneiderlehrlinge, die fieberhaft die erste Modenschau des Jahres vorbereiten. Gegen Abend treffen sich die Wasser des Flusses mit der untergehenden Sonne. Bereitwillig lassen sie sich nach den Gesetzen der Verklärung in flammende Wolken verwandeln. Das Universum, in seiner ganzen Unermesslichkeit da, zeigt sich einen Augenblick lang wundersam bewegend. Und jemand, der verloren dastand, inmitten der Ewigkeit, hat es gesehen und war davon bewegt. All das, ich weiß es, hat mit der Seele zu tun. Ich versetze mich zurück in jenen Augenblick vor fast vierzig Jahren.

Wir waren jung – Sie noch viel jünger als ich –, und wir begegneten uns in der U-Bahn. Ich saß auf einem Klappsitz, Sie saßen auf dem gegenüberliegenden. Fasziniert fragte ich mich: «Woher kommt diese Schönheit? Wie ist es möglich, dass es diese Schönheit *gibt*? Und warum ist sie plötzlich da, diese eigentlich unmögliche, meinem Blick geschenkte Schönheit?» Meine Faszination wich dem Erstaunen, als Sie sich lächelnd von Ihrem Platz erhoben und sich neben mich setzten.

Was geschah da? Ich war ein kaum bekannter Autor, und Sie haben mich inmitten der anonymen Menge *erkannt*. Wir hatten, stotternd vor Aufregung, ein Gespräch zwischen zwei Haltestellen. Unter anderem stellte ich Ihnen ohne Umschweife die Frage: «Wie akzeptieren Sie Ihre Schönheit? Und wie kann jemand, der weiß, dass Sie eine andere Schönheit an-

streben, Sie akzeptieren?» Arglos lächelnd antwor-
teten Sie: «Wenn es Schönheit gibt, muss ich sie wohl
akzeptieren. Aber wie sollte man die Fähigkeit einer
anderen Person zu akzeptieren ermessen, da sie doch
anders ist?»

Wir haben uns mehrmals wiedergesehen. Sie baten
mich nachdrücklich darum auszuführen, was ich unter
«die Schönheit akzeptieren» verstehe. Ich erinnere
mich, Ihnen diese lapidare Antwort zugeworfen zu haben: «Schließlich hat Schönheit immer ein Schicksal
zur Folge!» Und ich fuhr fort: «Der Anblick einer stau-
nenswert schönen Frau ergreift, ja, erschüttert einen.
Gleichzeitig wird man von einer bebenden Besorgnis
erfasst, oder genauer, von einem innigen Mitgefühl.
Man steht vor einer Art Wunder der Natur, vor einem
wahrlich göttlichen Geschenk, und in diesem Sinne ist
diese Schönheit zerbrechlich wie feines Porzellan. Man
fragt sich: Was ist hier passiert? Woher kommt es, dass
diese Schönheit da ist und dass sie Entzücken, Rührung, Suche auslöst – oder aber, in verhängnisvoller
Form, das Verlangen nach Eroberung? Kann das lebendige Universum sich nicht damit begnügen, schlicht
und einfach zu existieren? Warum muss es sich durch
eine so gebieterische Präsenz Ausdruck verleihen?»

Ja, diese Frage, die Ihre Schönheit mir eingab, be-
schäftigt mich noch immer. Alle Morgenröten und alle
Sonnenuntergänge, jener Berg und dieses Meer, alle
Bäume und alle Blumen, diese Raubkatze und jener

Vogel, die grenzenlose Prärie, durch die prächtige Pferde galoppieren, der bodenlose Himmel, der von glühenden Gestirnen erstrahlt ... subtile oder sublime Schönheiten. Wer wollte uns davon überzeugen, dass sie auf Zufälligkeiten beruhen? Sehen wir denn nicht, dass von Anfang an das Lebensbegehren von dem Begehren nach Schönem, dem ersten Anzeichen von Sinn und Wert, begleitet wird? Die Seele der Welt strebt nach Schönheit, und die menschliche Seele antwortet darauf mit dem künstlerischen Schaffen in seinen mannigfaltigen Facetten, mit der inneren Schönheit, die einer liebenden und magnetisierenden Seele eigen ist – der Schönheit des Blicks, der Gestik, der Schönheit des Schenkens, die den schönen Namen «Heiligkeit» trägt.

Aber die Schönheit ist zerbrechlich, vor allem, wenn sie leiblich ist. Hier denke ich wieder an Sie und komme auf die Schönheit der Frau zurück, einen der Reize dieser Welt. Sie entfaltet sich in einer menschlichen Umgebung, die, von Zwängen und Gefahren geprägt, von Grund auf anfällig ist. Diese Schönheit bedarf ständiger, behutsamer Pflege – «Schöne Geliebte, meine schöne Sorge, deren unstete Seele / dem MEERE gleich anstürmt und weicht», hat Malherbe geschrieben. Vor allem aber verlangt sie, geliebt zu werden, wirklich geliebt zu werden. Ist das so leicht? Wie viele Männer sind fähig, mit ihrer Liebe einer weiblichen Schönheit gerecht zu werden, ohne sie auf die Dauer zu verflachen und kaputt zu machen? Hat der, der von ihr fasziniert und stolz darauf ist, sie erobert, also besessen zu haben, nicht den Hang, sie allein auf ihre körperliche Dimension festzulegen, ihre Makellosigkeit zu fordern, von ihr zu verlangen, dass sie stets den Anforderungen genügt? Einer idealen Norm, die doch nur eine oberflächliche Vereinbarung ist, um eine schöne Person in einen Gegenstand der Zierde zu verwandeln. Eine so gedachte Schönheit ist überaus zerbrechlich, der geringste Zwischenfall, das leiseste Verblühen genügt, ihr den Glanz zu nehmen, was unweigerlich Enttäuschung oder gar Abneigung nach sich zieht. Nach Pascal vermag eine Windpocke, «die die Schönheit tötet, ohne die Person zu töten», ihr die Fähigkeit zu rauben, Begehren zu wecken. Wie lange wird die Frau sich in dieser Falle einsperren lassen?

Ein Erwachen in ihr kann sie dazu bewegen, vom Schein zum Sein zu wechseln, bis zur Quelle aufzusteigen, wo die Schönheit nicht zu einer schon festgefügten Form erstarrt ist, wo sie immer geradezu das Verlangen nach dem Schönen und die Begeisterung für das Schöne ist. Mit anderen Worten: Die Frau ist von der Sehnsucht beseelt, ihre Schönheit an eine Schönheit zu knüpfen, die unendlich größer und dauerhafter ist als sie. Intuitiv weiß sie, dass dies ein langer Weg sein wird. Sie wird in die Tiefen ihres Wesens hinabsteigen und dort all die Abgründe überwinden müssen, die jedes Schicksal bewältigen muss, Abgründe aus

Angst, aus Einsamkeit, aus Verletzungen und aus Leiden. Hinter diesem Horizont erstrahlt ein wahres Leuchten, das der Seele, das auf einem anderen Licht beruht.

All das habe ich Ihnen gegenüber einst recht ungeschickt zum Ausdruck gebracht. Aber obgleich meine Worte von Herzen kamen, erschienen sie mir damals zu «erbaulich», um fortzufahren. Ich ließ es dabei bewenden, nicht ohne Ihnen ein Gedicht geschenkt zu haben, von dem ich immer eine Abschrift aufbewahrt habe, zu meiner eigenen Orientierung.

Wenn die Schönheit in dir wohnt,
Wie akzeptierst du sie?
Der Baum akzeptiert den Frühling
Und das Meer den Sonnenuntergang,
Du, wie akzeptierst du
Die Schönheit, die in dir lebt?

Du, von der Schönheit bewohnt,
Erstrebst eine andere,
Weiter als der Frühling,
Lebendiger als der Sonnenuntergang
– eine zerreißende, zerrissene –,
Wer könnte dich akzeptieren,

Wer, außer dem ewig Begehrenden?

Später verließen Sie Paris, und ich war meinerseits von anderen Dingen in Anspruch genommen. Wir verloren uns aus den Augen. Und mehr als dreißig Jahre später erhalte ich einen Brief von Ihnen. Ich erfahre, dass Sie Schmerzliches durchlebt haben, aber dass Sie Künstlerin geworden sind. Ich stelle Sie mir in der vollen Pracht Ihres Herbstes vor, während ich, gegen alle Erwartung, zu einem von hohem Alter heimgesuchten Überlebenden geworden bin. Noch einmal, was ist geschehen? Aus der Begegnung zweier Menschen an einem Frühlingsnachmittag in der Pariser U-Bahn entstand ein intensives beglückendes Gefühl, das eine Wahrheit an den Tag brachte, die dauerhafter war als unsere Zufälligkeiten. Es gehört einer anderen Ordnung an, nämlich der der Seele.

Ich schreibe das Wort «Seele», *âme*, ich spreche es still in mir, und ich atme eine frische Brise. Die klangliche Verwandtschaft lässt mich *Aum* hören, ein Wort, mit dem im indischen Denken der UR-HAUCH bezeichnet wird. Sofort fühle ich mich dem UR-BEGEHREN verbunden, durch das das Universum erschienen ist. Ich finde im Innersten meines Wesens etwas vor, das sich mir offenbart und das ich seit langem verlegt hatte, das vertraute Gefühl einer tatsächlichen Einzigartigkeit und einer möglichen Einheit.

Die Touraine wird mich wohl eine Weile beherbergen, bis ich weit genug in der Erfüllung meiner Mission vorangeschritten bin. Ich werde Ihnen nach und nach die Ergebnisse meiner Lektüren und meiner eigenen Überlegungen mitteilen.

Mit herzlichen Grüßen

F. C.

Zweiter Brief

Liebe Freundin,

«Spät in meinem Leben entdecke ich, dass ich eine Seele habe», haben Sie mir geschrieben. Seien Sie glücklich darüber, besser spät als niemals! Dass man sie entdeckt, bedeutet, dass sie schon immer da war, sogar vor unserer Geburt. Dass man sie spät entdeckt, bedeutet, dass sie der verborgenste, der geheimste Teil unseres Wesens ist, dass sie am Lebensprinzip selbst teilhat, das so unsichtbar ist wie das Element Luft, welches wir jede Sekunde nutzen, ohne je daran zu denken. Lebensprinzip? Was soll das bedeuten? Ist das Leben nicht dieser lebendige Körper, der ganz natürlich, von allein funktioniert, ohne dass etwas anderes eingreifen muss? Das scheint selbstverständlich. Aber wenn wir genauer hinsehen, müssen wir feststellen, dass dieser lebendige Leib fortwährend belebt wird, dass in ihm etwas belebt wird und da gleichzeitig etwas ist, das belebt. In der Antike bezeichnete man das mit dem Doppelbegriff *animus* – *anima*. Auf die Frage «Was in der Ordnung des Lebens ist fähig zu beleben?» geben alle Denkrichtungen einstimmig die Antwort: der LEBENSHAUCH. Das indische Denken nennt ihn *Aum*, das chinesische Denken *Qi*, das hebräische *Ruah*, das arabische *Ruh* und das griechische Denken *Pneuma*. In jedem einzelnen Menschen wird der *animus* von der *anima* gelenkt. Diese ist das Kennzeichen seiner Einheit und seiner Einzigartigkeit. Auch ihr geben alle traditionellen Denkrichtungen einen besonderen Namen, der ein und dieselbe Wesenheit bezeichnet: die SEELE. Das französische Wort, âme, kommt von dem lateinischen *anima*, das nichts anderes als LEBENSHAUCH bedeutet.

Diese Erinnerung, so oberflächlich sie sein mag, zeigt uns die richtige Sicht, die auf einer universellen Eingebung beruht. Diese Sicht lädt uns ein, auf eine grundlegende Wirklichkeit zurückzukommen, die sowohl unsere Gegenwart als auch unsere Zukunft betrifft. Für Sie wie für mich erweist sich das Aufspüren der Seele und das Nachdenken darüber als eine notwendige und dringende Aufgabe. Lassen Sie uns im Augenblick eine einfache Feststellung machen: Unser lebender Körper ist mit einer Reihe von Organen versehen, die es dem Leben ermöglichen zu funktionieren. Organen, die wunderbarerweise dafür eingerichtet sind, dass wir atmen, uns ernähren und uns bewegen. Sinnesorganen, um zu fühlen, Herz und Gedärmen, um Gefühlsregungen zu spüren. Dem Gehirn, das nicht nur der Sitz des Geistes ist, sondern auch zur Speisung des Gedächtnisses beiträgt. Aber im tiefsten Innern unseres Wesens, das wissen wir, gibt es ein nicht zu unterdrückendes, unerschöpfliches *Bedürfnis und Begehren* zu atmen, sich zu ernähren, zu fühlen, sich zu erregen, zu lieben und geliebt zu werden und auch sich zu erinnern, damit das Gelebte, eine Mischung aus Kummer und Freude, ein Durcheinander aus schmerzlichen und glücklichen Momenten, unter Umständen in ein Einziges und Vereintes gewandelt werden kann. Im tiefsten Innern unseres Wesens wissen wir, dass das Leben, vor allem das menschliche Leben, nicht im blinden Funktionieren des Bestehenden liegt, sondern immer den Drang nach einem höheren Sein einschließt.

Im täglichen Leben scheint die Seele einer Person in ihrem Blick durch und drückt sich in ihrer Stimme aus. Zwei Organe, die Augen und der Mund, die sich im Gesicht konzentrieren, welches das verkörperte Geheimnis eines jeden Menschen bildet. Sieht man einem Künstler zu, wie er ein Porträt zeichnet, fällt einem auf, dass er zuerst eine Reihe von Umrissen zeichnet, damit das Gesicht in einem Raum «Gestalt annimmt». Dann kommt der magische Zeitpunkt, wo er mit Hilfe weniger Striche die Augen erscheinen lässt. In dem Moment kommt es zu einem Durchbruch, und man taucht in eine unfassbare Tiefe. Die beiden Perlen reflektieren und verbreiten eine ganze Welt, dem Himmel über dem Meer der Bretagne vergleichbar, ein unerschöpfliches Spiel aus Licht und Schatten. Darin ereignet sich ein unaufhörlich offenbartes Geheimnis, das die Dimension des Fleischlichen, im organischen Sinne des Wortes, übersteigt.

Und ich möchte noch Folgendes anmerken. Jeder trägt seine Seele im Innersten, ohne sie *sehen* zu können. Dennoch ist es möglich, die Seele eines anderen in dessen Gesicht zu erblicken – vor allem, wenn es sich um das eines geliebten Menschen handelt –, anhand eines Blickes, eines Lächelns, vertraulicher Worte … Nun vermag aber jeder, der die Seele eines anderen erblickt, auch die eigene zu sehen in dem Spiegelbild, das der Blick des anderen ihm zurücksendet. Das ist der geheime Weg der Wahrnehmung der Seele.

Leib und Seele sind eng miteinander verbunden, das ist offensichtlich. Ohne Seele ist der Leib nicht belebt, ohne Leib ist die Seele nicht verkörpert. Aber man sollte hier wohl doch vermerken, dass die beiden nicht einfach gleichwertig zueinander im Verhältnis stehen, sondern unterschiedlichen Ordnungen angehören. Fürs Erste möchte ich gern diese beiden Sätze von Descartes zitieren: «Die Seele ist von einer Natur, die weder mit der Ausdehnung noch mit der Größe noch mit anderen Eigenschaften der Materie etwas gemein hat, aus der der Körper zusammengesetzt ist» (*Die Leidenschaften der Seele*). Und: «Dieses Ich, das heißt, die Seele, durch die ich bin, was ich bin, ist vom Körper ganz verschieden» (*Abhandlung über die Methode*). Und dann diesen recht erstaunlichen Satz von Victor Hugo: «Der menschliche Körper könnte sehr wohl nur ein äußerer Schein sein. Er verbirgt unsere Wirklichkeit … Die Wirklichkeit ist die Seele» (*Die Arbeiter des Meeres*).

Die Seele, die den Körper belebt, gehört zum Prinzip des LEBENS. Außer in den Fällen, wo sie infolge von Perversion oder Zerstörungstrieb in entgegengesetzter Richtung agiert, ist sie unter allen Umständen ein Streben nach Leben. Ihr Drängen ist selbstverständlich glühend, wenn sie durch die Liebe erregt wird. Aber ihre Flamme lodert nicht minder lebhaft inmitten des Grauens, des Leidens, oder wenn der Tod droht. Im Gegenteil, all diese Prüfungen bereichern sie, erhöhen sie, zwingen sie, sich in die transzendente Dimension zu erheben. Das drückt auf seine Art der heute leider zu sehr in Vergessenheit geratene Dichter Pierre Emmanuel aus:

Jede Seele, die das Gefängnis durchbrochen hat,
worin die Angst geliebt zu werden sie einsperrt,
Ist auf der Welt wie ein Sturm, ein Aufstand von Gischt
und Salz,
Ein mächtiges Wort des Lebens im vergänglichen Körper
und gegen ihn.
Alles ist Leben, und erst recht am Ende, wenn die Schale
des Körpers birst
Unter dem Ungestüm der Seele, die es nicht länger erträgt,
immer in Knechtschaft zu sein:

Dann verwest nicht mehr der Leib, sondern die Zwiebel
  einer unsichtbaren Hyazinthe,
Die in triumphaler Demut aufsteigt wie eine Traube
  aufgetürmter Himmel.
Ich lasse dich, sagt Gott. Du bist glücklich. Ich lasse dich,
  denn du bist dir sicher.
Du, erster aus Babel Geretteter, nicht durch eine besondere
  Kraft,
Sondern einfach, weil du liebst.

Vielleicht haben Sie wie ich diese Erfahrung gemacht. Eines Nachts erwache ich. Ich höre das Klopfen meines Herzens. Dieses Stück Fleisch, das da pocht, das mich am Leben hält, ohne dass ich es bemerke, ist es der alleinige Motor meines Lebens? Mischt sich da nicht immer ein Lebensprinzip ein, das es weiter schlagen lässt? Oder konkreter gesagt, nach meinem bescheidenen Verständnis, mischt sich da nicht ein Leben-Wollen ein, das dieses Herz, ohne sein Wissen, am Laufen hält? Und verschwände dieses Leben-Wollen, würde dann das Herz nicht langsamer schlagen und bald stillstehen?

Worum es sich bei dem Leben-Wollen handelt, weiß ich, ehrlich gesagt, nicht mehr so genau. Die Gewohnheit der Tage und das Gewicht der Jahre haben das heftige Gefühl meines Schwungs in mir verblassen lassen. Mir scheint, dass ich in meiner fernen Kindheit ein klareres Bewusstsein davon hatte. Klar wie der Vollmond im Frühjahr, der den ganzen atembaren Raum des DRAUSSEN überflutete. Sie erinnern sich vielleicht an diese Sätze der Priorin Blanche in den *Gesprächen der Karmelitinnen* von Georges Bernanos: «Wir weihen unser Leben dem Bemühen, diese Einfachheit der Seele zu erlangen oder sie wiederzufinden, wenn wir sie zuvor gekannt haben, denn sie ist eine Gabe der Kindheit, die die Kindheit meistens nicht überlebt... Man muss sehr lange leiden, um dorthin zurückzukehren, so wie man ganz am Ende der Nacht eine neue Morgenröte vorfindet...» Habe ich im Laufe meines langen Lebens genügend gelitten? Ein Urteil darüber steht mir nicht zu, aber tatsächlich kommt es manchmal vor, dass ich dieses kosmische Gefühl meiner Kindheit wiederfinde. So wie der Mond die Gezeiten aufwirft, zieht mich vor dem Hintergrund der Unendlichkeit die Milchstraße mit all ihrer leiblichen Anwesenheit wie ein Magnet an. Alles um mich herum, die in Unruhe versetzten Pflanzen und Tiere sind von demselben Überschwang, hier zu sein, erfasst, von demselben Bestreben zu wachsen, sich zu entfalten. Ein rhythmischer Hauch verbindet das Ganze in einem gemeinsamen Pulsschlag. Nichts trennt die Winzigen von den Riesigen: Die wirbelnden Glühwürmchen sind im Einklang mit den Sternschnuppen. Ich begreife, dass sich etwas Gewaltiges ereignet hat, dass ein ungeheurer Prozess im Gange ist. Ich durchlebe dann noch einmal diese ganz besonderen, schon in meiner Kindheit gelebten Momente, aber in der Zwischenzeit habe ich gelernt, dass das den Namen WEG trägt und dass innerhalb dieses WEGES alles Leben immer ein Leben-Können und zugleich ein Leben-Wollen ist. Noch später lernte ich dann, anhand meiner vom Gedächtnis wiederhergestellten glücklichen oder schmerzlichen Erfahrung, dass die Menschen über die instinktive Stufe des Leben-Wollens hinaus ein höheres Wollen erleben, das *Begehren zu sein*, das sie dazu bewegt, sich auf das UR-BEGEHREN zurückzubesinnen, dem das Universum sein Erscheinen verdankt. Dieses Seinsbegehren nährt sich von allem, worauf unser Bestreben gründet: dem nicht unterdrückbaren Bedürfnis nach Empfinden, Fühlen, Empfangen, Schenken und Einssein, die in Wirklichkeit ein einziges Wort zu umfassen vermag: Liebe – sie hat die Gabe, uns in einen Prozess der Wandlung und der Verklärung mitzunehmen.

Ich habe gerade die Mondnächte erwähnt, in denen das Universum mit seinem blendenden Licht meine Kindheit bezauberte und sie aufrief, seine leibliche Anwesenheit dem grenzenlosen BEGEHREN einzugliedern. Wie könnte ich andere Mondnächte vergessen, die ich in jenen anfänglichen Jahren – Initiationsjahren – erlebte, als meine Seele noch andere unauslöschliche Prägungen empfing, die endgültig zu ihrer spezifischen Besonderheit beitrugen.

Wir sind mitten auf der Flucht, in China auf dem

Land, verfolgt vom Entsetzen über furchtbare Gräuel, die die Invasoren begangen haben. Der Bombenalarm zerreißt soeben die Luft mit seinem Unheil verkündenden schrillen Ton. Die Minuten schwinden dahin, wir gehen noch, alle Lichter sind gelöscht. Schließlich finden wir eine mögliche Zuflucht unter einer Steinbrücke. Wir kauern uns dort mit anderen zusammen und warten darauf, dass der Tod sein Werk vollendet. Überall um uns herum eine weite, tiefe Nacht. Im Gegensatz zur menschlichen Angst geht die Natur ihren gewohnten Gang, unerschütterlich, gelassen. Haben wir ihr jemals so intensiv gelauscht wie in jener Nacht? Das Wasser des Flusses verströmt weiterhin sein lebhaftes Rauschen, das der immer wieder einsetzende Gesang der Grillen doch nie unterbricht. Von weiter her dringen das Quaken der Kröten und einige düstere, warnende Rufe von Nachtvögeln bis zu uns. Dann, plötzlich auftauchend aus der Nacht, ziehen im Tiefflug die Flugzeuge über uns hinweg, in Richtung der Stadt, die ganz in der Nähe liegt, das Ziel ihrer Luftangriffe. Blitze, Getöse, lange, sich kreuzende Feuergarben, Wolken, durch aufsteigende Flammen in Geysire verwandelt. Eine auf ihre Weise hinreißende Szene, aus der Ferne betrachtet. Mit einem Schlag ist sie ganz nah: Die Flugzeuge, jetzt auf ihrem Rückflug, ziehen erneut über uns hinweg und entledigen sich ihrer restlichen Munition. Sie fliegen so tief, dass ihre Besatzung, die die helle Nacht nutzt, ein boshaftes Vergnügen daran finden kann, uns nach Belieben niederzumähen. Die Schreie der Menschen vermischen sich schon bald mit denen der Natur. Fleischfetzen, die zermalmten Körper derer, die so unvorsichtig waren, sich unter Bäume oder in unsichere Behausungen zu flüchten. In unserer unmittelbaren Nähe ein Kind, das von einem Bombensplitter am Kopf getroffen ist. Ein kurzer Schrei, gefolgt von dem langen Klagen seiner Mutter. O du, Mutter, in deinen Armen das tote Kind! Dein Bild kann niemals verblassen! Ich werde an dich denken vor jeder Pietà, die ich im Laufe meines Lebens sehen werde …

Die Seele, die all das empfing, vergaß nicht mehr. In jener Nacht wusste sie, dass sie außer dem Leiden noch gegen etwas anderes zu kämpfen haben würde: das Böse. Es ist im Menschen verwurzelt, also in ihr selbst.

Noch immer nachts auf der Flucht. Wir machen in einem verlassenen, verfallenen Tempel Rast. Ich halte es für gescheit, mir einen Schlafplatz etwas abseits von den anderen zu suchen. Das weiße, auf dem bloßen Erdboden ausgebreitete Laken verschmilzt mit dem klaren Mondlicht. Ich bin zu müde, um mich an dem erstickenden Geruch des Staubs zu stören. Sofort schlafe ich ein. Doch weckt mich nach Mitternacht ein flüchtiges Rascheln. Ich öffne die Augen, vor mir eine Schlange, entsetzlich, so wirklich, wie ich sie mir oft vorgestellt hatte: glänzende Haut, betörende Zeichnung, ein gewundener Körper, überragt von einem kleinen, dreieckigen Kopf mit zwei vorgewölbten Augen, die jeden erstarren lassen, der sie anzusehen wagt. In diesem Moment bin ich derjenige, der sie anstarrt. Verhängnisvolle Gemeinschaft, unbeschreibliche Einsamkeit. Warum eine Schlange in einem Tempel? Weshalb ist sie gerade hier? Zufällig von einem Balken herabgefallen oder von meinem Geruch angezogen? Unnütze Fragen. Das Grausen erfasst mich, lässt mir das Blut in den Adern gefrieren, als sie sich in Bewegung setzt, im Zickzack in meine Richtung gleitet. Der Tod selbst nähert sich mit seinem Arsenal an furchtbaren Bissen und giftigen Ausscheidungen. Mir bleibt keine Geste, außer mich tot zu stellen. Keine Ewigkeit wird diesen Augenblick auslöschen, in dem das Ungeheuer sich eines jungen, wehrlosen Lebens bemächtigt. Immer näher kommend, lautlos, hält die Schlange am Rande des weißen Lakens inne, den Kopf zu mir erhoben. Erstarrt in absoluter Stille bieten zwei Wesen lange einander die Stirn. Trotz meines Grauens kommt es nicht mehr in Frage, dass ich den Blick abwende. Mein Blick muss dem ihren standhalten, erfüllt von dem tiefen Entsetzen, das die irdische Existenz den Lebenden einprägt in dem Moment, wo sie zu Opfern werden. Von einem Entsetzen, das immer lähmender, schließlich unerträglich wird. Würde es also nie ein Ende geben? Doch, den Tod eben. Ist er nicht eine schöne Erfindung, dieser Tod, der alle Angst, allen Schmerz abzuschalten vermag?

‹Aber dieses Mal noch nicht›, sage ich mir, während das rätselhafte Reptil anfängt, sich an meinem Körper entlangzuschlängeln, mir einige grünliche Blicke zuschleudert, um dann plötzlich in sein finsteres Lager zu verschwinden. Kann ich deswegen von Erleichterung sprechen? Meine junge Seele ist schon wach genug, um zu ahnen, dass diese Schlange eine mir bestimmte Botin ist. Dass sie in mir Einzug gehalten hat, um sich für immer in meinem Unterbewusstsein und meinem Gedächtnis zusammenzurollen. Sie ist gekommen, um mir zu sagen, dass der Tod nichts ist, was nur den anderen zustößt, dass er nicht nur im Moment einer Krankheit oder eines Unfalls auftaucht, sondern dass er, im Dunkeln versteckt, unser treuester Begleiter ist. Dass dank ihm unsere Existenz mit Blick auf das Überleben ein ständiges Bemühen ist und dass auf diese Weise unser Leben einen so hohen Grad an Intensität erreichen kann.

Seit diesem Alter habe ich gewusst, dass der Tod nicht einfach eine Idee ist oder ein Ende. Er ist eine agierende Kraft. Seinetwegen – oder noch einmal gesagt: dank ihm – kann kein Leben, so geschützt es auch sein mag, ein im Vorhinein festgelegtes Programm sein. Jedes Leben ist ein Abenteuer, das zwischen Unerwartetem und Unverhofftem navigiert. Was mich anbelangt, so erkannte ich in der Folge sehr wohl, dass ich es auf dem Lebensweg mit meiner Schlange zu tun haben würde. Mehrfach tauchte eine brutale Kraft mit ihrem entsetzlich aufgerissenen Maul vor mir auf, mich im nächsten Moment zu vernichten. Auf einer tiefgründigeren Ebene hat der Überlebende dennoch begriffen: Aus dem konstanten Zusammenleben mit dem Tod können nur zwei Haltungen resultieren, entweder ein absoluter Pessimismus oder ein ebenso absolutes Begehren, dem Jenseits zuzustreben, einem OFFEN-SEIN zu, wo dieses Begehren – das habe ich Ihnen wohl schon gesagt – auf das UR-BEGEHREN trifft, das aus dem NICHTS das ALLES erscheinen ließ. Zwischen diesen beiden Wegen fiel meine Wahl auf das Begehren. Von ihm bewogen, verließ ich, auf den Ruf des Mondes hin, der zu strahlend war, um unbeteiligt zu bleiben, als verliebter junger Mann das stille Elternhaus und folgte dem blühenden Pfad bis zum Haus der Geliebten.

Ich habe Ihnen diese Erinnerungen und diese Gedanken mitgeteilt, liebe Freundin, um in den nachfolgenden Zeilen mit der Beantwortung Ihrer Frage zu beginnen.

Von unserem Geist angeleitet, erleben wir, wie sich uns dieser intimste Teil unseres Wesens enthüllt, dem wir einen ebenso intimen Namen geben: Seele. Diese Seele, fruchtbarer Boden des Begehrens, der Gefühle und des Erinnerns, war schon vor unserer Geburt in uns, in einem Zustand, den man als Vor-Sprache und Vor-Bewusstsein bezeichnen könnte – obgleich schon ein uns eingeborenes Lied da war –, und sie wird uns bis zum Ende begleiten, selbst wenn uns das Bewusstsein oder das Sprachvermögen abhanden kommen sollte. Aus einem Guss, unteilbar, unauflösbar, unersetzlich, tatsächlich die Gaben des Körpers und des Geistes in sich aufnehmend, also ganz und gar fleischgeworden, ist die Seele das Kennzeichen der Einzigartigkeit und damit der wahren Würde eines jeden von uns. Sie zeigt sich als die einzige verkörperte Gabe, die jeder von uns zurücklassen kann.

Mit freundlichen Grüßen

F. C.

Dritter Brief

Liebe Freundin,

ich hatte wie nebenbei geschrieben: «Von unserem Geist angeleitet ...» Und Sie haben völlig Recht, diesbezüglich nachzufragen!

Denn wie könnte man über die Seele sprechen, ohne über den Geist zu reden? Wie könnte man noch länger das Prinzip der Dreiheit anzweifeln, das darüber bestimmt, wie unser Wesen funktioniert, ein Prinzip, das ja gerade durch die Trias Körper – Seele – Geist verkörpert wird? Und wie könnte man am Ende die zentrale Stelle unbeachtet lassen, die der Geist innerhalb dieser Trias einnimmt?

Trotz allem muss ich Ihnen gestehen, dass Sie mich vor eine besonders schwierige – indessen äußerst notwendige – Aufgabe stellen, nämlich die, etwas genauer zu erforschen, worin sich Seele und Geist unterscheiden und in welcher Beziehung sie zueinander stehen. Eine schwierige Aufgabe deshalb, weil die Grenze zwischen beiden verschwommen ist, so sehr durchdringen sie einander, so eng sind sie miteinander verknüpft.

Da sie einander ergänzen, befinden sie sich in einem konstanten, dialektischen Wechselspiel. In Wahrheit erweist sich eine klare Beschreibung der Seele und des Geistes als unmöglich. Man kann sie abgrenzen, indem man sie zueinander ins Verhältnis setzt.

Mangels einer Definition kann man zumindest feststellen, dass beide jeweils eine Entität darstellen, die für sich fähig ist zu agieren. Und so scheint es uns möglich, den Bereich und die Art der Aktion jeder der beiden zu umreißen, indem wir zunächst – ganz intuitiv – Folgendes feststellen: Die Seele ist in unserem Innern das, was uns ermöglicht zu begehren, zu fühlen, uns rühren zu lassen, in Einklang mit der Welt zu sein, alle möglichen Erinnerungen an unsere Erlebnisse, selbst versunkene, selbst unbewusste, zu bewahren und uns vor allem über Gefühle oder Liebe mitzuteilen. Dabei denke ich an die drei obersten Stärken der Seele, die Augustinus ihr zuerkennt, Gedächtnis, Verstand und Wille. Ich für meinen Teil würde das Begehren, das Gedächtnis und den Verstand des Herzens herausstellen. Der Geist hingegen ist in unserem Innern das, was uns gestattet zu denken, zu beurteilen, zu entwerfen, zu organisieren, zu verwirklichen, Erfahrungen bewusst im Hinblick auf ein Wissen anzusammeln und uns vor allem durch Austausch zu verständigen.

Ich habe die klanglichen Möglichkeiten des Französischen genutzt, um Formulierungen zu gewinnen, die von «schlagender Überzeugungskraft» sein sollten, wie zum Beispiel: «Der Geist räsoniert, die Seele resoniert (hallt wider)», «Der Geist regt sich, die Seele erregt sich», «Der Geist ist in Kommunikation, die Seele ist in Kommunion», «Der Geist ist *yang*, ‹männlich›, die Seele *yin*, ‹weiblich›». Diese Formulierungen haben – auf die Gefahr hin zu simplifizieren – vielleicht das Verdienst, uns zu zeigen, wie eng die beiden miteinander verbunden sind, und unterstreichen zugleich, was an jedem spezifisch ist. Was können wir feststellen? Der Geist eines jeden Menschen hat, so persönlich er auch sein mag, einen eher allgemeinen Charakter. Da er auf der Sprache gründet, erfordert er ein Erlernen, eine «Ausbildung», einen Erfahrungsschatz. Seine Entwicklung steht in engem Zusammenhang mit einer kulturellen Umgebung, mit einer Gemeinschaft, die einer bestimmten Tradition entstammt, und seine Aktivitäten, die im Prinzip alles Mitteilbare und Teilbare betreffen, erfolgen in einem Kontext von Beziehung und Austausch.

Die Seele hingegen hat etwas Originäres, Eingeborenes. Sie besitzt eine unbewusste, gewissermaßen unergründliche Dimension, die sie mit genau jenem Geheimnis verbindet, das am Anfang das Erscheinen des lebendigen Universums lenkte. Der Geist hilft dem Menschen, sich der Wirklichkeit seiner Seele bewusst zu werden. Die Seele birgt einen Zustand, der diesseits – wenn nicht jenseits – der Sprache angesiedelt ist. Sie stellt den intimsten, geheimsten, unbeschreiblichsten und zugleich lebendigsten Teil eines jeden Menschen dar, der ausschließlich ihm eigen ist. Sie weilt in ihm schon vor seiner Geburt und bleibt in ihm bis zu seinem letzten Atemzug, als eine unauflösbare und vor allem unersetzliche Wesenheit. Denn sie verkörpert noch ein weiteres Geheimnis: nämlich die Tatsache, dass jedes Leben innerhalb des lebendigen Universums eine autonome Entität bildet und für eine einzigartige Anwesenheit steht. Die Einzigartigkeit des Wesens, diese universelle Wahrheit, bestätigt sich im Menschen auf ganz offensichtliche Weise, und seine Seele ist ihre Verkörperung. Die Seele ist weder ein Attribut noch eine Fähigkeit: An einen Körper gebunden, den sie belebt, ist sie die Person selbst. Das ist – ich darf Sie daran erinnern – nur eine der Bedeutungen des Wortes «Seele». An dieser Stelle scheint mir plötzlich fast so etwas wie eine Definition möglich: Die Seele ist das unauslöschliche Zeichen der Einzigartigkeit jedes Menschen.

«Eine unauflösbare und unersetzliche Wesenheit», habe ich gesagt. Die Seele kann von dem denkenden Subjekt vernachlässigt, unterdrückt, unterschlagen, ja, ignoriert werden, sie ist dennoch ganz und gar da und bewahrt in sich, ineinander verwoben, Lebensbegehren und Lebensgedächtnis, Hochstimmungen und Kränkungen, Freuden und Sorgen. Ich erinnere mich an einen Satz meines Freundes Jacques de Bourbon

Busset: «Die Seele ist der Generalbass, der in jedem von uns erklingt.» Da sie eng mit dem UR-HAUCH verbunden ist, singt sie in uns eine Weise, in der die Ewigkeit mitschwingt. Bei dieser Feststellung angelangt, möchte ich eigentlich hinzufügen, dass die Seele nicht nur das Zeichen der *Einzigartigkeit* jedes Menschen ist, sondern ihm auch eine grundlegende *Einheit* verleiht und damit eine Würde, einen Wert als Wesen.

Ich weiß natürlich, dass es im Allgemeinen der Geist ist, der es einem Menschen gestattet, sich zu entwickeln und sich zu festigen, und auch die Gesellschaft nimmt ganz selbstverständlich den Geist – möglicherweise auch den Körper, im Fall von Sportlern – als Kriterium, um jemandes «Wert» zu bestimmen. Das ist insoweit verständlich, als die Gesellschaft sich nur dank engagierter Geister weiterentwickeln kann. Aus ethischer, ja sogar ontologischer Sicht lässt sich indessen darüber streiten. Bekanntlich leiden viele Menschen schon bei ihrer Geburt an einer geistigen Behinderung, andere können – so bemerkenswert sie auch sein mögen – im Laufe ihres Lebens von einer geistigen Schwäche heimgesucht werden – denken wir nur an Van Gogh, Nerval, Hölderlin und Nietzsche … Ebenso bekannt ist, dass schon der geringste Schlaganfall den brillantesten Geist in eine Lähmung oder Sprachstörung stürzen kann. Und schließlich wissen wir, dass das Alter, dessen Auswirkungen so schrecklich ungleich

sind, die größten Geister zu einer dramatischen Stumpf-
heit verurteilen kann – wobei ich, der ich bislang von
diesem Unheil verschont geblieben bin, natürlich besonders empfänglich für diese Realität bin. Müssen all
diese Menschen sogleich fürchten, dass ihr «Wert» gemindert oder gar vollkommen zunichtegemacht wird?
Ich meine hier natürlich den Seinswert, der der wich-
tigste Wert ist, denn er garantiert die Würde der Person. Sollten also die Menschen, deren Geist an einer
Behinderung leidet, in eine Sonderzone abgeschoben
werden, die durch ein Schild «nutzlos» markiert wäre?
Wenn man sich allein nach der Achtung vor den intellektuellen Fähigkeiten des Menschen richtet und die
Seele vergisst, ist genau das die logische Schlussfolge-
rung. Und dann ist das Unmenschliche nicht weit, wie
im Fall der Zwangssterilisation, der Behinderte im
20. Jahrhundert in mehreren Ländern unterzogen
wurden, ganz zu schweigen von ihrer systematischen
Vernichtung unter dem Regime der Nationalsozialisten. Wir wollen daran erinnern, dass all diese Männer,
Frauen, Kinder und Greise in ihren unheilvollen Stunden kein bisschen von ihrer Seele verloren haben. Der
grundlegende Wert, von dem ich hier rede, liegt in
ihrer Eigenschaft als Seele. Während für mich früher
nichts über den Geist ging, fühle ich mich, seitdem ich
in den Besitz dieser doch so einfachen und offensicht-
lichen Wahrheit gelangt bin, gerechter gegenüber den
anderen. Und ich empfinde umso größere Bewunde-

rung für die, die sich nicht nur um das Schicksal derer, «die da geistlich arm sind», kümmern, sondern die – wie Jean Vanier, der Gründer der ökumenischen Organisation L'Arche – verstanden haben, dass eine wirklich menschliche Gesellschaft ihnen Gehör schenken muss. Denn dadurch, dass im Leben dieser Menschen das Herz, das Gefühl, die spontane Empfänglichkeit für Dinge und Lebewesen einen zentralen Platz eingenommen hat, haben sie uns sicherlich viel zu sagen.

Die Idee, dass die Seele das Wesen der menschlichen Würde beherbergt, wird von großen Denkern vertreten. Ich denke dabei besonders an zwei uns nahestehende Schriftsteller: Camus und J. M. G. Le Clézio. 1944 verurteilt Camus in einem Leitartikel der Zeitung *Combat* das Verbrechen der Nationalsozialisten, indem er es genau definiert: Durch die Folter, so schreibt er, besteht es darin, «nicht nur den Geist der Opfer zu töten, sondern auch ihre Seele». Was J. M. G. Le Clézio betrifft, so hat mich folgende Passage aus *L'Extase matérielle* besonders beeindruckt: «Die große Schönheit der Religion besteht darin, einem jeden von uns eine SEELE gewährt zu haben. Ungeachtet der Person, die sie in sich trägt, ungeachtet ihres moralischen Verhaltens, ihrer Intelligenz, ihrer Sensibilität. Die Person kann hässlich, schön, reich oder arm, fromm oder gottlos sein, das ändert nichts. Sie hat eine SEELE: diese seltsame, verborgene Präsenz, diesen geheimnisvollen

Schatten, der in den Körper gegossen ist, der hinter dem Gesicht und den Augen lebt und den man nicht sieht. Schatten der Achtung, Zeichen der Anerkennung des Menschengeschlechts, Zeichen Gottes in jedem Körper.»

Vielleicht sind Sie indessen, wenn Sie dieses Zitat lesen, verunsichert, wie ich es war, durch den Ausdruck «ungeachtet ihres moralischen Verhaltens ...». Das wirft ein Problem auf. Für mich ist die Seele nicht von Fragen der Ethik auszunehmen, obwohl ihre Seinsart eher instinktiv oder intuitiv als vom logischen Denken gesteuert ist. Wenn ich allein von meiner persönlichen Erfahrung ausgehe, weiß ich, dass die Seele sich über lange Zeit verirren und durch verantwortungsloses Handeln die anderen tief verletzen kann, manchmal sogar auf nicht wiedergutzumachende Weise. Ich weiß aber auch, dass unter dem quälenden Einfluss der Reue die Seele die Macht hat, wenn sie es will, in einer vollkommenen Umkehrung des Wesens ganz neu aus dem Nichts aufzuerstehen. Vielleicht ist das der Sinn des Hoffnung spendenden Zuspruchs, den Jesus an den guten Schächer gerichtet hat ...

Ich möchte auf keinen Fall, dass Sie meine Ausführungen missverstehen: Ich suche in keiner Weise die Bedeutung des Geistes zu schmälern. Sagen wir es so: Auf der Ebene des Individuums ist der Geist groß, die Seele wesentlich, der Geist hat eine zentrale, die Seele eine grundlegende Rolle. Auf der Ebene der Gesellschaft kommt es infolge der unterschiedlichen Eigenheiten der beiden zu einer Aufteilung der Handlungsbereiche, in denen der eine oder die andere dominiert. Der Geist entfaltet sein ganzes Handlungspotential in jeder Art von gesellschaftlicher Organisation, ob auf dem Gebiet der Politik, der Wirtschaft, des Rechts oder der Bildung. Er regelt sowohl die Transport- als auch die Kommunikationsnetze. Er herrscht auf dem Gebiet des philosophischen Denkens und der wissenschaftlichen Forschung. Aber es existieren auch Bereiche anderer Art, in denen, ohne dass der Geist abwesend ist, die Seele ins Spiel kommt. Bereiche, die nicht ausschließlich logisches Denken erfordern, die von unserem Wesen seine ganze Fähigkeit zu spüren, zu fühlen, sich zu erregen fordern, die Fähigkeit, in Einklang mit anderen zu sein, seine Vorstellungskraft zu erweitern, sein Gedächtnis zu vertiefen, in Symbiose mit anderen Lebewesen und mit der Transzendenz zu leben. Diese Bereiche sind jenseits von Fragen der Organisation oder des Funktionierens angesiedelt, sie rufen unser Schicksal an und zwingen es, den erlebten Momenten Sinn zu geben, die Herausforderung des Leidens und des Todes anzunehmen. In diesen Sphären herrschen die Schönheit, die Liebe und alle Formen künstlerischer Schöpfung, deren der Mensch fähig ist und die Sie zu einem wesentlichen Teil Ihres Lebens gemacht haben, liebe Freundin!

Sie haben sicher verstanden, dass mir eine dieser künstlerischen Ausdrucksformen besonders am Herzen liegt: die Dichtkunst. Aber anstatt etwas Eigenes zu entwickeln – mein ganzes Wesen lebt ja, wie Sie wissen, in dieser Dimension –, ziehe ich es vor, Ihnen hier drei Zitate vorzustellen, die mich tief berühren. Zunächst ist da der große zeitgenössische Dichter Pierre Jean Jouve, der sagte: «Die hohe Kunst der Poesie ist eine Funktion der Seele und nicht des Geistes. Die Seele liefert die besondere Energie, die aus der verklumpten Masse ein ‹Ding der Schönheit› zu machen versteht. Ich wage eine Erklärung: Die Seele ist in uns die einzige Macht der Ewigkeit» (*Apologie du poète*). Dann Gaston Bachelard, der als Philosoph, als Mann des Geistes also, so klug war, diese Dimension anzuerkennen, die dem philosophischen Denken fehlt: «Die ganze Seele teilt sich in der poetischen Welt des Dichters mit. Dem Geist bleibt die Aufgabe, Systeme zu erfinden, verschiedene Erfahrungen zu gliedern, um zu versuchen, das Universum zu verstehen. Der Geist muss die Geduld haben, sich die gesamte Vergangenheit des Wissens anzueignen. Doch die Vergangenheit der Seele ist so fern! Die Seele lebt nicht im Lauf der Zeit. Sie findet ihre Ruhe in den Welten, die die Träumerei imaginiert […] Die Gedanken verfeinern und vermehren sich im gegenseitigen Umgang der Geister. Die Bilder vollbringen in ihrem Glanz eine ganz einfache Kommunion der Seelen […] Und die Sprache der Dichter muss direkt erlernt werden, genau wie die Sprache der Seelen» (*Poetik der Träumerei*). Schließlich darf hier Rimbauds berühmter «Seher-Brief» nicht fehlen, den er am 15. Mai 1871 an Paul Demeny schickte. In meinen Augen ist diese Passage deshalb von großem Interesse, weil sie nahelegt, dass die Poesie nicht nur die intellektuelle Dimension übertrifft, auf der unser «Weg zum FORTSCHRITT» basiert, sondern dass sie, wenn sie «von allen aufgenommen» würde, die Vorstellung von FORTSCHRITT gewissermaßen erweitern könnte. Die Poesie ist alles andere als antimodern, sie ist an der Entwicklung der Menschheit beteiligt: Auch sie ist auf ihre Weise prometheisch! «Somit ist der Dichter wirklich der Dieb des Feuers. Er ist für die Menschheit zuständig, selbst für die Tiere. Er muss seine Erfindungen fühlbar, tastbar, hörbar machen. Wenn das, was er von dort mitbringt, Form besitzt, gibt er Form; wenn es unförmig ist, gibt er Unförmiges. Eine Sprache finden […] Diese Sprache wird von der Seele für die Seele sein und alles in sich vereinigen, Düfte, Töne, Farben, Denken, welches das Denken auf sich und nach sich zieht. Der Dichter würde die Menge an Unbekanntem bestimmen, das zu seiner Zeit in der Weltseele erwacht: Er gäbe mehr – als die Formel seines Denkens, als die Aufzeichnung seines Weges zum FORTSCHRITT! Etwas Enormes, das zur Norm würde, von allen aufgenommen, wäre er wahrhaftig ein Mehrer des Fortschritts!»

In demselben Brief kündigt Rimbaud den Anbruch einer Zeit an, in der die Frau «ebenfalls Dichterin sein wird! Die Frau wird Unbekanntes entdecken!» Aber hatte er nicht begriffen, dass das schon immer so war, dass es genügte, genau hinzuhören? Denn ich für meinen Teil höre, indem ich Ihnen all das schreibe, eine weibliche Stimme aus alten Zeiten, die mir ins Ohr flüstert: «Der Körper ist die Werkstatt der Seele, in der der Geist seine Übungen abhält.» Diesen so einfachen wie richtigen Satz sagte im 12. Jahrhundert Hildegard von Bingen, jene große geistige Persönlichkeit, die eine auf Intuition und Beobachtung gründende kosmische Vision und eine künstlerische Begabung in Malerei, Dichtung und Gesang in sich vereinte. Sie reicht mir zur rechten Zeit die Hand und gestattet mir, einen Moment innezuhalten, Atem zu schöpfen.

Dieses kurze Abstandnehmen gibt mir Gelegenheit, eine Klärung nachzuholen, die ich Ihnen schulde. Es geht keineswegs darum, die Seele zu idealisieren. Es ist im Gegenteil sogar angebracht einzugestehen, dass tief im Innern des Wesens, dort, wo die Wiege oder der Abgrund ist, die Seele alle tragischen Umstände des menschlichen Schicksals auf sich nimmt. Belehrt durch die Erfahrung von Leid und Tod, ist sie zu Öffnung und Überwindung fähig, indem sie das Wesen, das sie bewohnt, bis ins Reich des Göttlichen emporhebt. Aber sie kann auch Verirrungen und Perversionen erfahren und verschiedenen zerstörerischen Trieben nachgeben. Bewusst oder unbewusst, frei oder gezwungen ist sie in der Lage, komplexe Verbindungen mit dem BÖSEN einzugehen. Um es bildlich auszudrücken, würde ich sagen, dass in jeder menschlichen Seele ein Engel und ein Teufel zusammen leben. Und sie begnügen sich nicht etwa damit, zusammen zu leben, sie stehen in einer ständigen Wechselbeziehung. Alle Konstellationen sind möglich: Der eine kämpft unablässig gegen den anderen, oder im äußersten Fall verwandelt sich der eine in den anderen. Diese großenteils psychisch bedingten Phänomene werden in psychiatrischen und psychoanalytischen Studien untersucht, die, ohne unbedingt sämtliche Dimensionen der Fragestellung zu berücksichtigen, einen ganz wesentlichen Beitrag leisten. Gewiss ist, ich erwähnte es bereits, das Wort «Seele» aus ihrem Gesichtskreis verbannt und die einstige Vorstellung von der Seele in eine heterogene Reihe von Begriffen und Auffassungen zerfallen. Es lohnt sich indessen, daran zu erinnern, dass Freud selbst das Wort «Seele» durchaus gebrauchte und dass nach ihm C. G. Jung daraus eine Grundidee gemacht hat. Was nun mich betrifft, gilt mein Interesse nicht klinischen Untersuchungen. Meine Absicht ist, ich wiederhole es, die Seele gegenüber dem Körper und dem Geist neu zu verorten als einen der Bestandteile unseres Wesens und gleichzeitig, so weit wie möglich, die spezifische Rolle zu umreißen, die sie innerhalb dieser Trias spielt.

Die ambivalente Rolle der Seele ist den Denkern des Altertums nicht entgangen. In allen Kulturen wird der Seele ein doppelter oder dreifacher Zustand zuerkannt. Es ist interessant, einen Blick darauf zu werfen, gar nicht mit dem Ziel einer theoretischen Studie, sondern nur, um zu sehen, wie die Menschen intuitiv versucht haben, eine grundlegende Wirklichkeit zu benennen.

Aber plötzlich drängt sich mir ein Bedürfnis nach Schweigen auf. Ich denke, bevor wir den Worten aus den großen Traditionen lauschen, ist ein Moment der Besinnung angebracht. Wir müssen die Bedeutung einer mehr als bewegenden Tatsache ermessen: Von Anfang an haben überall auf der Welt Menschen, ohne zu wissen, was andere darüber dachten, eine im Innersten ihrer Intuition herangewachsene Wahrheit geraunt oder verkündet. Diese Wahrheit, die ganz unterschiedliche Aspekte aufweist, enthüllt uns einen erstaunlich universellen Inhalt.

Ich lade Sie also ein, liebe Freundin, zu einem sehr kurzen Rundgang durch die großen geistigen Traditionen, wobei ich die gewiss sehr reiche Welt der sogenannten animistischen und schamanischen Kulturen beiseite lassen werde, da sie uns zu weit wegführen und auch ethnologische Kenntnisse erfordern würde, die ich nicht besitze. Vielleicht wird Ihnen dieser – wenngleich sehr knappe – Überblick etwas langatmig vorkommen, aber wie ich Ihnen bereits gestern sagte, kann ich Ihnen nicht meine persönlichen Gedanken mitteilen und dabei so tun, als gäbe es die historischen Traditionen der Menschheit nicht, diesen unglaublichen Schatz, den uns das Altertum hinterlassen hat. Niemand von uns ist von nirgendwoher gekommen, und – wie ein englischer Dichter gesagt hat – «niemand ist eine Insel».

In China entstammt die Vorstellung von der Seele im Wesentlichen der daoistischen Tradition. Danach enthält die vom UR-HAUCH belebte menschliche Seele zwei Instanzen: einen höheren Teil von himmlischer

Bedeutung, *hun* genannt, und einen niedrigeren Teil von irdischer Bedeutung, *po* genannt. Solange der Mensch lebt, geben ihm *hun* und *po* gemeinsam die Möglichkeit, in gutem Einvernehmen mit der ERDE zu leben, und bieten ihm gleichzeitig eine Öffnung in die Sphäre, die Raum und Zeit transzendiert. Das stellt den idealen Zustand dar. Aber *hun* kann der Verwirrung anheimfallen und *po* dem sittlichen Verfall. Im äußersten Fall der Verneinung des LEBENS führt das *hun-po* zu seiner eigenen Vernichtung. Andernfalls kehrt beim Tod der Person – der «Norm» entsprechend – ihr *po* in die Erde und ihr *hun* in den Himmel, beide also an ihren jeweiligen Herkunftsort, zurück.

Hier ist zu vermerken, dass im heutigen Sprachgebrauch «Seele» *ling-hun* heißt, wobei man die Komponente *ling* mit «Wesen der Seele» übersetzen kann. Außerdem wird das Substantiv *ling* auch verbal gebraucht und bedeutet dann «effizient sein». Im chinesischen Denken gilt es von jeher als natürlich, dass eine menschliche Seele nur im Einssein mit der göttlichen Seele ein effizientes Leben gewährleisten kann. Ich möchte noch hinzufügen, dass der chinesische Ausdruck für «Totenwache halten», *shou-ling*, wörtlich «Seelenwache halten» bedeutet.

Den anderen grundlegenden Pol bildet in Asien die indische Ideenwelt. Da ich sie wenig erforscht habe, entlehne ich die folgende Zusammenfassung der hinduistischen Vorstellung von der Seele lieber einem großen Kenner auf diesem Gebiet, Zéno Bianu. So wie das Universum Zyklen unterworfen ist, erklärt er in seinem Buch *Sagesses de la mort*, «ist der Mensch in seiner Essenz einer unbegrenzten Wanderung unterworfen. Letztlich besitzt seine ‹Seele› die Neigung eines Zugvogels, die sie dazu bewegt, auf schwindelerregende Weise von Körper zu Körper zu fliegen durch die Schichten einer kreisförmigen Zeit... Aus der Sicht der Hindus sind wir die Sammelbecken einer ewigen Wesenheit, des *atman*, der schon vor unserer Geburt existiert und nach unserem Tod erhalten bleibt. Der *atman* ist dieser ‹wirkliche Mensch›, der, bevor er unseren Körper bewegte, nacheinander unzählige lebendige Hüllen beseelte, gemäß einem kontinuierlichen Aufstieg vom Pflanzlichen zum Tierischen und dann zum Menschen (und manchmal bis zum Gott)». An dieser Sicht, der zufolge – Zéno Bianu weist ausdrücklich darauf hin – der sterbende Mensch nicht «seine Seele aushaucht», sondern «seinen Körper verlässt», interessiert mich, dass die so verstandene Seele ein Gedächtnis in sich trägt: «Im Sterben nimmt der Mensch die Notwendigkeit mit, in anderen Leben für die Folgen und Auswirkungen seiner jetzigen und vergangenen Taten einzustehen, der guten wie der schlechten.» Es gibt also eine ethische Dimension, eine Verantwortung, der der Mensch nicht zu entgehen vermag, und diese Perspektive öffnet sich auf einen Horizont der Befreiung hin: «Tatsächlich, sagt Krishna, wirst du von den Früchten des Guten wie des Bösen befreit werden.»

Der in Indien entstandene Buddhismus hat den Karma-Gedanken der indischen Kultur aufgegriffen, ihn aber in sein völliges Gegenteil verkehrt. Denn die Idee eines SELBST, einer «Seele», die von Körper zu Körper zieht bis zur endgültigen Befreiung, wird von dem Buddha Shakyamuni radikal in Frage gestellt. Dies ist *anatman*, die Lehre vom Nicht-Selbst. Alles, was einer permanenten Wesenheit gleicht, die über die Reinkarnationen hinaus Bestand haben könnte, ist in seinen Augen nur eine Illusion. Die Einheit des Wesens ist nur Schein, allenfalls kann man an ihm fünf «Aggregate» postulieren, die, wie ihr Name andeutet, dem Individuum nur vorübergehend anhaften, für die Dauer seiner Existenz. Und das Individuum verdient nicht mehr diesen Namen, es ist nicht mehr unteilbar, denn der Tod sprengt den illusorischen Schein seines Zusammenhangs. Genau das Festhalten an diesem äußeren Schein eines «Ich» verursacht das Leiden und alles Unglück der Welt. Der Buddhismus ist also in seinem «Agnostizismus» gegenüber der Seele unter allen Traditionen die radikalste. Gewiss sollten wir uns vor trügerischen Vereinfachungen in Acht nehmen, die ihn mit einem Nihilismus vergleichen, aber es ist dennoch wahr, dass sein Menschenbild sich völlig von allen anderen unterscheidet.

Halten wir indessen fest, dass, als der Buddhismus

in Süd- und Ostasien Verbreitung fand, die Richtung des Mahayana («Großer Wagen») obsiegte. In China entstand aus seiner Begegnung mit dem Daoismus der Chan-Buddhismus, der in Japan zum Zen-Buddhismus wurde. Die Lehre dieser weniger elitären, asketischen Richtung betont stärker den Wert der Existenz im Hier. Die Seele wird so zu einem wesentlichen Bestandteil im Prozess der Reinkarnation.

Neben diesen östlichen Denkweisen erscheint uns die der Griechen vertrauter. Aber so, wie sie in den Schriften Platons durchscheint, in denen Mythen und erlebte Dramen sich mit rationalen Deutungen vermischen, ist sie nicht weniger komplex. Im *Phaidros* und in der *Politeia* können wir lange Ausführungen darüber lesen. Ich will Sie nicht mit klassischer Kultur langweilen, nur einige Zeilen möchte ich gern mit Ihnen teilen, die ich, durch Ihre Frage bewogen, in meiner Bibliothek gefunden habe. Zum Beispiel folgende bilderreiche Passage aus dem *Phaidros*, die uns zeigt, wie bewusst sich die Griechen der inneren Spannung sind, die in der Seele herrscht, wie auch ihrer verschiedenen, bisweilen widersprüchlichen Komponenten: «So gleiche sie [die Seele] denn der zusammengewachsenen Kraft eines gefiederten Gespanns und seines Wagenlenkers. Der Götter Rosse und Wagenlenker nun sind alle sowohl selbst gut als von guter Abkunft; die Art der anderen aber ist gemischt. Und zwar was uns betrifft, so lenkt der Führer erstens ein *Doppel*gespann; sodann ist ihm das eine der Rosse sowohl selbst edel und gut als von solcher Abkunft, das andere aber sowohl von gegenteiliger Abkunft als selbst das Gegenteil. Schwierig und unbeholfen ist da notwendig die Wagenlenkung bei *uns*.

Woher nun ferner für eine Lebensform die Benennung *sterblich* und *unsterblich* komme, muss man zu sagen versuchen. Das All der Seelen versorgt das unbeseelte All, es umwandelt nämlich den ganzen Himmel, jetzt in dieser, jetzt in anderer Gestalt erscheinend. Eine Seele nun, die noch in vollkommener Weihe und befiedert ist, wandelt in der Höhe und durchwebt das Weltall; wenn sie aber das Gefieder gelassen, wird sie fortgetrieben, bis sie etwas Festes erfasst, in dem sie nun, sich wohnhaft niederlassend und einen erdigen Leib annehmend, der durch ihre Kraft bewegt sich selbst zu bewegen scheint, als Ganzes genommen eine Lebensform genannt wird und, als aus Seele und Leib zusammengefügt, den Beinamen *sterblich* erhält; die Bezeichnung *unsterblich* aber erhält sie nicht aus irgendeinem Vernunftbegriff; sondern wir bilden, da wir einen Gott weder sehen noch zureichend begreifen, ihn uns eben in der Vorstellung ab als eine unsterbliche Lebensform, die teils Seele, teils Körper ist, beides aber für ewige Zeit zusammengewachsen. [...] Des Gefieders Kraft ist, das Schwere nach oben zu führen, es emporhebend dahin, wo das Geschlecht der Götter wohnt. Von allem Körperlichen hat es am meisten teil an dem Göttlichen. Das Göttliche aber ist das Schöne, das Weise, das Gute und was sonst derartig ist. Von diesen nun nährt und kräftigt sich der Seele Gefieder am meisten; vom Hässlichen aber und Bösen und was sonst von jenem das Gegenteil ist, schwindet es und vergeht.»

Die Vorstellung, die in dieser Passage zutage tritt, sieht vor, dass die Seele, unabhängig von dem (menschlichen oder göttlichen) Zustand, in dem sie lebt, stets an einen Körper gebunden ist. Sie verkörpert sich nacheinander in den Sterblichen, aber sie selbst bleibt unsterblich und lässt uns somit an einer göttlichen Dimension teilhaben. Die Idee der Unsterblichkeit der Seele wird bei Platon auch an anderen Stellen bekräftigt, insbesondere im *Symposion*.

Das ist von Interesse für uns, aber diese dualistische Sicht bewegt sich in Richtung einer Abwertung des Körpers, der in der platonischen Tradition als das «Grabmal der Seele» angesehen wird – oder als ihr Käfig, wenn man das Bild des Vogels aufgreift. Das wird in der folgenden Passage des *Phaidon* deutlich: «Solange wir noch den Leib haben und unsere Seele mit diesem Übel im Gemenge ist, können wir nie befriedigend erreichen, wonach uns verlangt; und dieses, sagen wir doch, sei das Wahre. Denn der Leib macht uns tausenderlei zu schaffen wegen der notwendigen Nahrung; dann auch, wenn uns Krankheiten zustoßen, verhindern uns diese, das Wahre zu erjagen, und auch mit Gelüsten und Begierden, Furcht und mancherlei Schattenbildern und vielen Kindereien erfüllt er uns; so dass recht in Wahrheit, wie man auch zu sagen pflegt, wir um seinetwillen nicht einmal dazu kommen, auch nur irgendetwas richtig einzusehen. Denn auch Kriege und Unruhen und Schlachten erregt uns nichts anderes als der Leib und seine Begierden: Denn über den Besitz von Geld und Gut entstehen alle Kriege, und dieses müssen wir haben des Leibes wegen, weil wir seiner Pflege dienstbar sind, und daher fehlt es uns an Muße, der Weisheit nachzutrachten um aller dieser Dinge willen wegen alles dessen. [...] es ist uns wirklich klar, dass, wenn wir je etwas rein erkennen wollen, wir uns von ihm [dem Leib] losmachen und mit der Seele selbst die Dinge selbst schauen müssen. Und dann erst offenbar werden wir haben, was wir begehren und wessen Liebhaber wir zu sein behaupten, die Weisheit, wenn wir tot sein werden, wie die Rede uns andeutet, solange wir leben, aber nicht. Denn wenn es nicht möglich ist, mit dem Leibe irgend etwas rein zu erkennen, so können wir nur eines von beiden: entweder niemals zum Verständnis gelangen oder nach dem Tode. Denn alsdann wird die Seele für sich allein sein, abgesondert vom Leibe, vorher aber nicht.»

Wir bleiben noch kurz in Griechenland: Nach Platon, der die Lehre des Sokrates in Dialoge gebracht hat, unterscheidet Aristoteles, konkreter denkend, drei

Seelen: die den Pflanzen und Tieren gemeinsame nährende Seele; die nur den Tieren eigene empfindende Seele; und die denkende Seele, die den Menschen eine besondere Stelle unter den Lebewesen einräumt.

Nach Griechenland wendet sich mein Blick natürlich den drei monotheistischen Religionen zu, und zuerst richtet er sich auf die erste unter ihnen, auf das Judentum. Ich halte mich hier an das *Dictionnaire encyclopédique du Judaïsme*, das von bemerkenswerter Klarheit ist. Allgemein bezeichnen in der hebräischen Bibel Wörter wie *nefesch*, *ruah*, *neschama*, die gewöhnlich mit «Seele» oder «Geist» übersetzt sind, das Leben oder die Persönlichkeit des Menschen. Die spätesten Bücher enthalten Passagen, die man als einen Hinweis auf den Geist oder die vom Körper getrennte Seele verstehen kann: «So wird die Seele meines Herrn eingebunden sein im Bündlein der Lebendigen bei dem HERRN, deinem Gott» (Samuel 25,29) oder: «Es fährt alles an einen Ort; es ist alles von Staub gemacht und wird wieder zu Staub. Wer weiß, ob der Odem der Menschen aufwärts fahre und der Odem des Viehes abwärts unter die Erde fahre?» (Prediger 3,20 f.) Für die Weisen des Talmud ist die menschliche Seele vom Körper getrennt. Sie stellen eine Entsprechung zwischen der Beziehung Gottes zur Welt und der der Seele zum Körper her. Wenn David in den Psalmen fünf Mal sagt: «Lobe den HERRN, meine Seele», bezieht er sich den Weisen zufolge auf Gott und die Seele: «So wie Gott die ganze Welt erfüllt, erfüllt die Seele den ganzen Körper; so wie Gott sieht, aber nicht gesehen werden kann, sieht die Seele, aber kann nicht gesehen werden; so wie Gott die ganze Welt nährt, nährt die Seele den ganzen Körper; Gott ist rein, die Seele auch; Gott wohnt ‹an einem sehr geheimen Ort›, die Seele auch.» Und schließlich: «Es ist gut, dass die Seele, die diese fünf Eigenschaften besitzt, DEN rühmt, der diese fünf Eigenschaften besitzt» (Babylonischer Talmud, Berachot 10a).

Eine andere Fassung erklärt: «Die Seele überlebt den Körper, und Gott überlebt die Welt» (Leviticus Rabbah 4,8). Diese Versicherung wird in der Morgenliturgie rezitiert, in einem Gebet, das sich im Talmud findet: «Mein Gott, die Seele, die du mir gibst, ist rein. Du schufst sie. Du formtest sie. Du hauchtest sie mir ein. Du bewahrtest sie in mir, und du wirst sie mir nehmen, aber wirst sie mir im zukünftigen Leben zurückgeben ... Gelobt seist du, mein Herr, der du die Seele den Toten zurückgibst.» Der Gläubige erkennt an, dass die Seele, die er erhalten hat, «rein» ist, und nimmt damit die Verantwortung für den moralischen Kampf und dessen Ausgang auf sich. Er räumt ein, dass es die Aufgabe des Menschen ist, Gott zum Ende jedes Tages und vor allem zum Ende des Lebens eine makellose und nicht durch Kontakte mit dem Bösen verdorbene Seele zurückzugeben.

Im Mittelalter versöhnt Maimonides, der im Allgemeinen dem Denken des Aristoteles folgt, dessen Philosophie mit dem Judentum. Aus seiner Sicht ist die Seele ihrem Wesen nach eine einzige, aber sie drückt sich in fünf verschiedenen Fähigkeiten aus: als nährende, empfindende, vorstellende, emotionale und rationale Seele. Während die ersten vier Aspekte der Seele mit dem Tod des Körpers zugrunde gehen, hat jeder Mensch die Möglichkeit, die Unsterblichkeit zu erlangen, indem er seine rationale Fähigkeit zu einer nicht mehr potentiellen, sondern vollkommenen Entität entwickelt und damit beständig und unzerstörbar wird. Diese Vorstellung von einer Seele, die sich weiterentwickelt, stellt die Entscheidungsfreiheit des Menschen in den Vordergrund und verknüpft die höchste Belohnung (Unsterblichkeit der Seele bei Gott) und Bestrafung (völliges Verschwinden) der einzelnen Person mit ihren eigenen Handlungen. Dagegen scheinen die Ansichten von Jehuda ha-Levi und Chasdaj Crescas der allgemeinen Ausrichtung des Judentums näherzustehen, wonach die Entwicklung der Seele hin zur Unsterblichkeit, also dem Einssein mit Gott, in erster Linie nicht von einer intellektuellen Tätigkeit oder der Erlangung von Wissen (einer rationalen Fähigkeit) abhängt, sondern von moralischen Handlungen und der Liebe zu Gott. Was das «ewige Leben» betrifft, ergänze ich noch, dass für die Rabbiner die künftige Welt eine durch und durch spirituelle Existenz bedeutet, zu der nach dem physischen Tod die verdienstvolle Seele Zugang erhält und in der «es weder zu essen noch zu trinken gibt, aber wo die Gerechten die Herrlichkeit der göttlichen ANWESENHEIT genießen» (Berachot 17a).

Die muslimische Tradition, die der jüdischen im Grunde sehr nahe ist (einschließlich der etymologischen Wurzeln ihres geistlichen Wortschatzes), spricht zum Beispiel von *Ruh*, so wie die Bibel von *Ruah* spricht. Aber auch hier haben zahlreiche Philosophen ein spezielles Vokabular entwickelt, um zu unterscheiden, was zu den physiologischen, den psychischen und den geistigen Funktionen des Menschen gehört. Vor allem die großen mystischen Sufis haben, jeder aus seiner Sicht, eine umfangreiche Typologie der Seelen geschaffen, welche diese nach den Qualitäten des Gläubigen unterscheidet, die sie auf dessen spirituellem Weg zum Ausdruck bringen. «Im Verlauf ihrer allmählichen Läuterung durch einen Prozess des Gedenkens (*Dhikr*)», erklärt Faouzi Skali in *La Voie soufie*, «bewegt sich die Seele durch die Etappen, die sie zur Kenntnis Gottes führen sollen. In jeder neuen Etappe erscheint die Seele mit neuen Eigenschaften.» Die Sufis betrachten die Seele aus der Sicht der Initiation. Sie muss also von «Station» zu «Station» wandern, auf einer Reise von Welten zu anderen Welten, die sie dem Göttlichen immer näher bringt. Daraus ist eine überaus reiche poetische Metaphorik hervorgegangen. Oft sind es Metaphern der Liebe (der GELIEBTE auf der Suche nach seinem göttlichen LIEBENDEN). Die wahrscheinlich bekannteste und eine der vielsagendsten Allegorien stammt von dem persischen Dichter Attar in seiner *Konferenz der Vögel*: Dreißigtausend Vögel machen sich auf zu einer Wallfahrt und auf die Suche nach ihrem König. Sie durchstehen tausend Prüfungen und durchreisen tausend Länder, bevor sie entdecken, dass dieser mythische Herrscher, der Simurgh, kein anderer ist als ihr innerstes Ich.

Das Christentum hat viele Elemente aus dem Judentum übernommen, es stellt auf ganz besondere Weise den Wert des einzelnen Menschen heraus, die Einzigartigkeit jedes Wesens und auch die Einzigartigkeit jedes Schicksals. Die Reinkarnation ist ihm fremd, denn die von ihm versprochene Wiederauferstehung besteht nicht in der Erneuerung einer Existenz derselben Ordnung. Sie gehört einer anderen Ordnung an, die von der Verklärung des durch die Liebe auf die Probe gestellten, gelebten Lebens geprägt ist. So wie Christus das absolute Gute verkörpert hat, indem er dem äußersten Übel trotzte, wird uns das weite Spektrum von Handlungen, deren die menschliche Seele fähig ist, durch die Protagonisten des Evangeliums gezeigt. In den folgenden Jahrhunderten erkannten die Theologen in der menschlichen Seele einen höheren Teil, der zu einer göttlichen Erhebung fähig ist, und einen niederen Teil, der imstande ist, der Versuchung des Bösen in all seinen Gestalten zu erliegen. Vor allem die Kirchenväter, die die so eigentümliche Vision eines DREIEINIGEN Gottes entfalteten, haben der TRINITÄT gewissermaßen eine irdische Entsprechung verschafft mit ihrer Sicht des Menschen, der aus den drei Elementen Körper – Seele – Geist bestehe. Da der Mensch «nach dem Bilde Gottes» geschaffen war, erschien es diesen Vätern nur allzu natürlich, dass das Leben in ihm auf drei Wegen zirkuliere. Damit entsprach die Ordnung des menschlichen Lebens wie ein Widerhall der des GÖTTLICHEN LEBENS. Ja, die Trias Körper – Seele – Geist ist vielleicht die genialste Eingebung der ersten Jahrhunderte des Christentums – eine Eingebung, die heute beinahe in Vergessenheit geraten ist in der westlichen Welt, welche ihr seit dem 2. Jahrtausend den Körper-Geist-Dualismus vorzieht, während jene Trias im orientalischen Christentum noch lebendig ist.

Die drei Wesenheiten dieser Trias, die sich ergänzen und miteinander verbunden sind, können Spannungen untereinander aufweisen. Zwischen Körper und Seele oder zwischen Körper und Geist kann es Widersprüche geben. Aber das dialektisch Wichtige, weil Fruchtbare, findet zwischen Seele und Geist statt. Dabei geht es um eine ganze Reihe von Beziehungen zwischen dem Besonderen und dem Allgemeinen, zwischen dem Innen und dem Außen, zwischen dem Gemüt und dem Verstand, zwischen dem Bedürfnis nach Imaginärem und der Forderung nach Wirklichkeit, zwischen dem Unbeschreiblichen und dem Beschriebenen, zwischen der verschütteten Erinnerung und der beherrschten Gegenwart, zwischen der Ahnung von Unendlichkeit und dem Bewusstsein der Endlichkeit ... Im entscheidenden Moment unterscheiden sich Seele und Geist deutlich voneinander, wie Paulus im Brief an die Hebräer versichert: «Denn das Wort Gottes ist lebendig und kräftig und schärfer denn kein zweischneidig Schwert, und dringt durch, bis dass es scheidet Seele und Geist, auch Mark und Bein ...» Und glauben Sie nur nicht, dass in diesem Streitgespräch zwischen den beiden Polen meine Stellung als Dichter mich dazu veranlasst, im Namen irgendeiner anti-intellektuellen Position ausschließlich Partei für die Seele zu ergreifen. Nein, noch einmal: Ich erkenne gern die wichtige Rolle des Geistes an. Erst er gestattet es der Seele, Bewusstsein zu erlangen und sich zu entfalten. Er ermöglicht erst Aufbau und Verwirklichung. Er nimmt einen zentralen Platz ein. Dennoch sollte man mit Blick auf diese zentrale Position des Geistes der Seele einen Platz ganz am Anfang und ganz am Ende einräumen. Wie ich zuvor betont habe, kann dem Geist im einzelnen Menschen Schwächung oder Versagen widerfahren, und diese Umstände – seien sie einer Krankheit, dem Alter oder einer Behinderung zuzuschreiben – machen uns bewusst, dass allein die Seele im Verlauf eines Erdenlebens unversehrt bleibt, als unauslöschliches Zeichen einer Einzigartigkeit und letztlich einer Einheit des Seins.

Liebe Freundin, entschuldigen Sie die kulturellen Verweise in diesem Brief. Sie beabsichtigen nicht, mich Ihrer Frage zu entziehen, die ich als ganz persönliche Anfrage empfunden habe. Aber dieser Umweg war notwendig, um Ihnen mein eigenes Denken erklären zu können. Dieser flüchtige Überblick führt mich nämlich zu einer wesentlichen Feststellung: Den Buddhismus in der extremsten Fassung seiner Lehre ausgenommen, haben sämtliche großen geistigen Traditionen gemein, dass sie eine Perspektive der Seele behaupten, die über den körperlichen Tod hinausgeht. Diese Behauptung gründet auf der Idee, dass die Seele jedes Wesens eng mit dem UR-HAUCH verbunden ist, der das LEBENSPRINZIP selbst ist. Angesichts dieser Tatsache hat unsere von einem wahren Seinsbegehren belebte Seele die Gabe, uns daran zu erinnern – unabhängig von unserem «Glauben» –, in welchem Maße das Leben jedes Einzelnen Teil eines gewaltigen Abenteuers ist, das die Chinesen das DAO, den WEG, nennen. In Wahrheit ist dies ein einziges Abenteuer – es gibt keine weiteren –, das zwar Veränderungen erfährt, aber kein Ende, das Abenteuer des LEBENS.

Ihnen aufrichtig zugetan,

F. C.

Vierter Brief

Liebe Freundin,

danke für die Frische von Seeluft, die Ihr letzter Brief
mir zuträgt. Ich habe mit Ihnen intensiv den Moment
erlebt, den Sie mir beschreiben, in dem Sie, nachdem
Sie das hohe Tal durchquert haben und einer abschüs-
sigen Straße gefolgt sind, plötzlich an einer Kurve zwischen zwei Felsen in der Ferne das blaue Viereck des
Meeres erblicken, heftig erstrahlend wie ein mächtiger
Saphir, den man Ihnen mit beiden Händen überreicht.
Und ich bin ganz in Einklang mit Ihnen, wenn Sie hinzufügen – ich schreibe direkt von Ihnen ab, um es noch
besser in mich aufzunehmen –: «Wie jedes Mal macht
mein Herz einen Sprung, und meine Seele füllt sich mit
Dankbarkeit. Dem Anblick eines unmittelbar vor uns
vollständig ausgebreiteten Meeres, das wir gewöhnlich
als ein ganz selbstverständlich zu unserer Verfügung
stehendes Bild ansehen, als hätten wir ein Recht darauf, ziehe ich die Ansicht eines konzentrierten, aber
verheißungsvollen Ausschnittes vor. Sie gemahnt mich,
dass die Schönheit des Lebens ein kostbares Geschenk

ist, das danach verlangt, geliebt, entdeckt, verklärt, zu seiner höchsten Fähigkeit des Einsseins erhoben zu werden.» Wie wahrhaftig haben Sie all das empfunden und wie trefflich gesagt! Es ist die reine Wahrheit.

Ich war auch in der Folge berührt, wo Sie sich über die Atmosphäre beklagen, in der wir leben. Ja, Sie haben Recht, alles, was von der Seele kommt, wird heute für zweitrangig erachtet, sogar für überholt. Wer es wagt, sich auf die Seele zu berufen, läuft Gefahr, altmodisch, ein Spiritualist, ja Handlanger der Religionen genannt zu werden. Man setzt nur noch auf den Geist im engsten Sinne des Wortes, indem man sich in einer vereinfachenden und erstarrten Ideologie gefällt. Da angesichts dieser Bedingungen eine aufrichtige Diskussion, ein echter Austausch unmöglich geworden ist, sind wir nicht mehr in der Lage, belebende Gedanken hervorzubringen, die in das wahre Leben hinausführen. Oder man flüchtet sich in eine distanzierte Haltung, die darin besteht, sich zu diesen wesentlichen Fragen «geistreich zu äußern». Man sucht zu brillieren, dem Publikum zu imponieren, indem man den anderen nach Fehlern absucht, um ihn noch besser zu Fall zu bringen.

Ihre Gedanken zusammenfassend, verstehe ich sehr wohl dieses Gefühl des Ausgeschlossenseins und der Fremdheit, das Sie empfinden und das ich in vielen Fällen teile. Aber ich denke, dass man den Mut nicht verlieren darf und dass man die Dinge in Ruhe betrachten sollte. Noch ist es möglich, einen positiven Dialog mit denen zu führen, die nur auf den Geist setzen und sogar die Existenz der Seele leugnen. Es geht nicht darum, Überzeugungsarbeit zu leisten, sondern nur darum, auf eine Wahrnehmung hinzuweisen, wie ich es in meinen vorausgegangenen Briefen versucht habe. Es geht darum, die Wahrnehmung eines Reichtums und einer Transzendenz auszudrücken, deren Nichtbeachtung verheerende Folgen hätte. Der ewige Streit zwischen Spiritualität und Materialismus? Es geht nicht nur darum. In meinen Augen bringt das nur aus Körper und Geist bestehende Paar ohne jeden weiteren Bezug einen Dualismus hervor, der de facto ein geschlossenes System ist. Denn dieser Dualismus zeitigt häufig die Unterwerfung des Geistes unter das Gesetz des Körpers, so beherrschend ist Letzteres. Die abgenutzte Gegenüberstellung dieser beiden Instanzen neigt dazu, die Aussichten auf ein offenes Werden einzuengen. Viele hochrangige Untersuchungen begnügen sich damit, auf einen Status der Materie zu verweisen, der dem Geist unterlegen ist – einem Geist, der faszinierende Entdeckungen erlaubt. Heute bewundern wir beispielsweise ganz besonders die Astrophysiker, die Biologen und die Fachleute auf dem Gebiet der Neurowissenschaften. Das ist durchaus gerechtfertigt. Dank dem Einfallsreichtum ihres Geistes haben sie fantastische Fortschritte auf ihrem jeweiligen Gebiet gemacht. Doch die Schlussfolgerungen, die sie daraus ziehen, enttäuschen uns oftmals: Ihnen zufolge wären wir nichts als

«Sternenstaub», «Molekülhaufen» oder «Neuronenbündel». Ähnliches gilt für die Philosophen, die nur mit einem Denken glänzen, das um sich selbst kreist oder sich mit der Tyrannei des Körpers abzufinden sucht.

Jedenfalls hat für die, die den – im engeren Sinne des Wortes rationalen – Geist als Wertmaßstab preisen, alles, was sich im wirklichen Leben manifestiert in Gestalt von Gefühlen, Sensibilität, Beglückung angesichts eines Vogelrufs oder des Lächelns eines Babys, in Gestalt der Rührung über die Schönheit eines Gesichts oder einer Landschaft, der Tränen, die einem kommen, wenn die Wehmut einen packt, eines Wiegenlieds, das einem wieder in den Sinn kommt, wenn der Gesang einer Frau einen überwältigt, einer Geste der Zärtlichkeit anstelle von Worten, eines Kniefalls angesichts der Größe eines Opfers ... all das hat für sie nur einen zweitrangigen Wert: Wenn man es nicht auf vereinfachende Weise analysieren kann oder wenn es sich nicht in wissenschaftliches Wissen einordnen lässt, gilt es nicht einmal mehr als Teil des «Realen», gehört es auf den Müll oder bestenfalls in den Keller oder auf den Dachboden unserer Seinsbehausung.

Nun kommt es durchaus vor, dass wir unseren Dachboden durchstöbern, um unsere Muße zu möblieren, und wir entdecken in alten Truhen verstaubte Bündel vergilbter Papiere neben Fotos, Zeugnissen, einer Zeitung und Briefen, die von einem unserer Ahnen oder Eltern hinterlassen wurden. Dann offenbart sich uns eine ganze Reihe von Begeisterungen, Freuden, Sorgen, Reuegefühlen, mehr oder weniger eingestandenen Leidenschaften, niemals zur Gänze verheilten Verletzungen. Uns wird bewusst, dass das hier das wahre Schicksal jener Menschen ist, dieser zutiefst persönliche und unersetzliche Teil des Seins. Eine Tatsache fällt uns sofort ins Auge: Das wahre Leben beschränkt sich nicht auf das Wissen darüber, wie die Dinge funktionieren, ein Wissen, das gewiss verdienstvoll ist. Es liegt in dem eigentlichen Verlangen, das jeder dem LEBEN entgegenbringt, in dem Verlangen nach einem im Einklang mit anderen Leben stehenden, offenen Leben, in einer gemeinsamen ANWESENHEIT, in der alles Zeichen aussendet, alles einen Sinn annimmt. Falls es dazu kommen muss, dass ein Gott eine neue Lebensordnung erschafft, dann wird er dies mit Seelen tun, die weiterhin Hunger und Durst nach dem wahren Leben verspüren. Hier kommt mir ein Gedicht in den Sinn, das ich einst geschrieben habe:

Du, Gott des Erinnerns, du weißt es,
All unsere hier erlebten Wünsche bleiben
Unversehrt. Solltest du einst zu uns
Zurückkehren müssen, dann nicht aus Mitleid,
Denn du, Gott des Erscheinens, du wirst
Uns brauchen, um dir ein neues Leben zu machen,

Uns, die wir den Abgrund überlebt haben.

Ich denke auch wieder an die Äußerungen einiger berühmter Persönlichkeiten, die mir im Laufe des Lebens nebenbei im Gedächtnis geblieben sind.

Ich denke an eine Bemerkung, die Rousseau in einem Brief an George Keith macht, als er ihm seine Absicht mitteilt, über sein Leben zu schreiben: «Nicht mein äußeres Leben wie das der anderen», sagt er, «sondern mein wirkliches Leben, das meiner Seele, die Geschichte meiner allergeheimsten Empfindungen.»

Ich denke an Jean Cocteau, der uns einlädt, uns ein hochintelligentes Wesen vorzustellen, das von einem anderen Planeten aus unseren beobachtet. Beim Anblick eines Wissenschaftlers, dem es gerade gelingt, eine besonders schwierige Rechenaufgabe zu lösen, würde dieses Wesen herablassend lächeln, als wollte es sagen: «Nicht schlecht.» Dagegen wäre es sprachlos angesichts einer Persönlichkeit wie Van Gogh, angesichts seiner gequälten Seele, die die schreckliche Herausforderung des künstlerischen Schaffens annahm, das seinem ausgebrannten Körper eine ganz andere Art von Würde verlieh, vor der man sich nur verneigen kann.

Dieses Bild erinnert mich an das Porträt, das Tocqueville in seinen *Erinnerungen* von König Louis-Philippe zeichnet: Er spricht von dessen «weitschweifiger, diffuser, origineller, trivialer, anekdotenhafter Konversation voller kleiner Begebenheiten, voller Witz und Sinn», die ein wahres Vergnügen für den Verstand sei ... aber er schließt so: «Sein Geist war vornehm, aber verklemmt und behindert von der geringen Höhe und Weite seiner Seele.»

Ich denke an den so treffenden Ausdruck «Seelenstärke». Denn die Seele ist sehr wohl eine Stärke, dank derer so viele Heldentaten in der Menschheit vollbracht worden sind.

Ich denke an Kierkegaard, für den der Mensch das Wesen ist, dessen endliches Fleisch vom Schwert der Unendlichkeit durchbohrt ist. Er gesteht in seinem *Tagebuch*, wie ihn eines Tages die Verzweiflung packte, nachdem er einen ganzen Nachmittag öffentlich geglänzt hatte: Er hatte der Gesellschaft mit seinen geistreichen Worten imponiert, «aber ich ging fort», so schreibt er, «und der Strich, der hier zu ziehen ist, muss so lang sein wie der Erdradius ... und ich wollte mir eine Kugel durch den Kopf jagen». Seine Seele erinnerte ihn daran, dass das wahre Leben in der demütigen Hingabe an etwas Größeres, Höheres, Unbegrenzteres als das eigene Ich besteht. Und eben weil er inmitten seiner Verzweiflung diese Hingabe schließlich gefunden hat, erwähnt er später *«eine unbeschreibliche Freude* [...] nicht eine Freude über dieses oder jenes, sondern der kräftige Ausruf der Seele ‹mit Zung' und Mund aus Herzens Grund›: ‹ich freue mich an meiner Freude, aus, in, mit, bei, auf, an und mit meiner Freude›».

Diese Freude, die Kierkegaard auf das «Freuet euch in dem HERRN allewege! Und abermals sage ich: Freuet euch!» des Apostels Paulus in dessen Brief an

die Philipper bezieht, erinnert mich natürlich an das
«Freude, Freude, Freude, Freudentränen» von Pascal.
Pascal hat am besten über die Trias Körper – Geist –
Seele gesprochen, die ich in meinem vorangegangenen
Brief erwähnte, indem er ihr mit Hilfe der Figur der
drei übereinander gestuften Ordnungen eine vertikale
Dimension verlieh. Ich erinnere Sie an das Wesent-
liche dieser unvergesslichen Passage aus den *Pensées
(Gedanken)* – ich zitiere sie etwas länger, denn ich emp-
fehle Ihnen, sie sorgsam aufzubewahren und immer
wieder darauf zurückzukommen, so wie auch ich es
tue:

*«Der unendliche Abstand der Körper von den Geistern ist ein
Bild für den unendlich unendlicheren Abstand der Geister von
der christlichen Liebe, denn sie ist übernatürlich.*

*Aller Glanz der [nur fleischlichen] Größen hat keinen
Glanz für die Menschen, die auf der Suche nach dem Geiste
sind.*

*Die Größe der geistigen Menschen ist unsichtbar für die
Könige, für die Reichen, für die Feldherren – für alle diese
fleischlichen Menschen.*

*Die Größe der Weisheit, die nichts ist, wenn sie nicht von
Gott kommt, ist unsichtbar für die fleischlichen und die geistigen Menschen. Das sind drei verschiedene Ordnungen, von ver-
schiedener Wesensart.*

*Die großen Geister haben ihr Reich, ihren Glanz, ihre
Größe, ihren Sieg, ihr Licht und bedürfen nicht der fleisch-*

lichen Größe, weil sie sich zu ihr nicht verhalten. Sie werden nicht von den Augen, sondern vom Geiste wahrgenommen; das genügt.

Die Heiligen haben ihr Reich, ihren Glanz, ihren Sieg, ihr Licht und bedürfen nicht der fleischlichen und der geistigen Größe, mit der sie nichts zu tun haben, denn ihre Größe kann dadurch nichts gewinnen und nichts verlieren. Sie werden von Gott und von den Engeln gesehen, aber nicht von Körpern, noch von neugierigen Geistern: Gott genügt ihnen. [...]

Alle Körper, das Firmament, die Sterne, die Erde und ihre Königreiche wiegen nicht den geringsten der Geister auf, denn er erkennt das alles und sich selbst; aber die Körper erkennen nichts.

Alle Körper zusammen und alle Geister zusammen und alles, was sie hervorbringen, wiegen nicht die geringste Regung der christlichen Liebe auf. Sie gehört einer unendlich höheren Ordnung an.

Aus allen Körpern zusammen kann man nicht den kleinsten Gedanken hervorbringen. Das ist unmöglich und steht in einer anderen Ordnung. Aus allen Körpern und Geistern kann man nicht eine Regung wahrer christlicher Liebe erzeugen; das ist unmöglich und steht in einer anderen, übernatürlichen Ordnung.»

Die christliche Liebe gehört der Ordnung der Liebe an, in der die Seele eines jeden Menschen, von Gabe zu Gabe, eins ist mit der Großzügigkeit des Lebensprinzips, das sich unbegrenzt schenkt. Jeder gewahrt in sich – unabhängig vom Grad seiner Verstandeskraft, unabhängig vom Zustand seines Geistes – einen ihm eingeborenen Gesang, der ihn ununterbrochen begleitet, auch wenn er ihn, vom Lärm der Welt betäubt, so oft gar nicht mehr hört. Unter der Anweisung Rilkes, der uns in den *Sonetten an Orpheus* erinnert: «Gesang ist Dasein», erkläre ich auch mit Claudel, die biblische Aufforderung aufgreifend: «Hindert nicht die Musik!»

Im Chinesischen gibt es einen Ausdruck, der den Zustand beschreibt, in dem gegen Abend oder in der Nacht die Natur sich in Schweigen zu hüllen scheint. Der Ausdruck existiert in zwei Fassungen: *Wan-lai-wu-sheng*, «kein einziger Laut ist zu hören», und *Wan-lai-you-sheng*, «alles hat seinen eigenen Laut». Diese beiden scheinbar entgegengesetzten Fassungen bedeuten in den Ohren eines Chinesen dasselbe. Erst wenn alles verstummt, hört man das Wesen jedes Lautes. Lernen wir also, uns nicht den lieben, langen Tag durch leere Worte betäuben zu lassen, nicht dem Lärm der Welt nachzugeben. Lernen wir, auf den Generalbass zu hören, der den uns eingeborenen Gesang begleitet, welcher im Innersten der Seele ruht. Diese Seele ist fähig, mit der WELTSEELE in Einklang zu sein, und vermag uns durch ihre unvermutete Weite zu erstaunen. Zu wissen, dass man eine Seele hat, oder es nicht zu wissen, läuft nicht auf dasselbe hinaus. Zu wissen, dass man eine Seele hat, bedeutet, eine wache Aufmerksamkeit den Schätzen entgegenzubringen, die sich in der Eintönigkeit des Alltags darbieten können, welche damit beschäftigt ist, alles zu begraben. Ausgegrabenen Schätzen, die man nicht länger dem Staub des Dachbodens überlässt, die man hegt und pflegt, anstatt sie achtlos wegzuwerfen. Aus freien Stücken oder ohne unser Wissen begeben wir uns dann in einen Prozess, in dessen Verlauf der fleischliche Körper sich nach und nach mit der Seele sättigt, und die Seele, vom Körper angeleitet, ohne sich ihm zu unterwerfen, wird zu einer immer selbständigeren, fleischlicheren Wesenheit.

Die fleischliche Seele ist von einem anderen Fleisch.

Hohe Flamme über den Rebhölzern,
Reine Ekstase geboren aus dem einzigartigen Nektar,
Wolke, ätherischer als des Adlers Flug,
Mond, liebkosender als die Gezeiten,
Kindertraum, der der Sternschnuppe nachjagt,
Anrufender Schrei, der zum Ur-Hauch zurückkehrt …

Von einem ganz anderen Fleisch, die fleischliche Seele.

Sehen Sie, liebe Freundin, Sie sind nicht allein.

Wir sind beide nicht allein, denn wir haben eine Seele, diesen nicht zu vernachlässigenden, unersetzlichen Teil, der unser eigentliches Wesen ausmacht. Sie ist kostbar für einen selbst wie auch für die anderen

Menschen, die durch das Wunder der Begegnung unveräußerlich geworden sind, ein Wunder, das sich nur dank der Klugheit des Herzens, oder anders gesagt, dank der Liebe ereignen kann.

Doch das entbindet uns keinesfalls davon, die radikale Herausforderung anzunehmen, vor die wir gestellt werden und die aktueller denn je ist: dem Bösen die Stirn zu bieten. Sein Werk bricht in unseren Alltag ein mit Anschlägen, Kriegen, Elend und so vielen durch die Habgier einiger Weniger vernichteten Menschen. Wir müssen die ganze Fähigkeit unseres Geistes zusammennehmen, um diese chaotische Situation zu analysieren, und dabei in jedem Moment auch den Abgrund ausloten, den die menschliche Seele als einen Teil in sich trägt, um ihn unschädlich zu machen. Denn es gibt zwar die Instanzen der Politik und der Wirtschaft, wo wir die Rechte des Verstandes und der Gerechtigkeit verteidigen müssen, aber es gibt auch diese Tiefen der menschlichen Seele, die Dante und nach ihm Shakespeare, Hugo, Dostojewskij und noch viele andere erkundet haben, insbesondere all jene, die wie Jesus Christus ihnen trotzten und dafür mit dem Leben bezahlten. Nur so wird der lichte Teil unserer Seele eine Chance haben, wirklich aufzutauchen.

Ich versichere Sie erneut meiner ganzen Freundschaft,

F. C.

Fünfter Brief

Liebe Freundin,

wie Sie Ihre «wesentlichen Erinnerungen» wachgerufen haben, hat mich mit unbeschreiblicher Freude erfüllt, und ich danke Ihnen von ganzem Herzen, dass Sie sie mit mir teilen. Sie haben Recht: So wie Georges Perec sollte jeder von uns eines Tages – zumindest für sich – sein *Ich erinnere mich* schreiben, denn es ist wichtig, für sich selbst oder mit anderen teilend den Weg der eigenen Seele nachzuzeichnen, die unser wahres Leben ist.

Wenn ich mein Gedächtnis durchstöbere – selbst ohne den langen Weg der Innenschau zu nehmen, dem Sie sich unterzogen haben –, entdecke ich Momente, in denen das Auge meiner Seele Gefühle in mir entstehen lässt, indem es mir hinter dem Äußeren der Erscheinungen andere Beziehungen und andere Wirklichkeiten enthüllt.

Ich erinnere mich an jene Ebene im Westen Chinas, wo wir nach ziellosem Umherschweifen zufällig auf eine Hütte stießen, in der wir die Nacht verbrachten.

Als wir im Morgengrauen die Augen öffnen, sehen wir aus dem nächtlichen Nebel drei alte Kiefern auf einem Hügel auftauchen, in gleichem Abstand zueinander, voller gegenseitiger Anziehung und Ehrfurcht. Der gesamte, dem Wind ausgesetzte Raum findet in ihnen sein Maß, seinen Rhythmus. Währenddessen drückt die Sonne, die über dem Horizont aufgeht, dem Bild ihren roten Stempel auf. Blitzartig wird mir klar: Die Schönheit des Universums ist ständig da; jede Seele kann sie erfassen und daraus ein Gemälde machen. Die menschliche Schöpfung führt so die eigentliche SCHÖPFUNG fort.

Ich erinnere mich an jenen Berg in den Alpen, wo wir die Nacht in einer Schutzhütte verbrachten. Frühmorgens steigen wir bis zum Gipfel empor. Dort erwartet uns in einsamer Stille ein kleiner See. Ein See zwischen Himmel und Erde, dessen so jungfräuliches Blau das ursprüngliche Blau des Firmaments wiedergibt. Wolken werfen ihre Schatten auf ihn, eine Brise kräuselt seine Oberfläche, wild wachsende Gräser und Blumen spiegeln sich in ihm, Vögel fliegen über ihn hinweg, doch nichts kann seine ruhige Klarheit stören. Er bleibt ein Spiegel und lädt uns ein, es auch zu sein. Wir stehen da, auf diesem Gipfel, inmitten der Unermesslichkeit, winzig, namenlos. Dennoch fühlen wir uns, für die Dauer eines Augenblicks, tatsächlich als Spiegel, denn wir haben diesen geheimen Winkel, seine unerklärlich schöne Präsenz gesehen und sind davon berührt. Sonst wäre all das ja umsonst gewesen, und niemand hätte etwas davon gewusst. Es sei denn, ein ANDERER wüsste es? In dem Fall wäre auch der Spiegel, der wir für einen Moment sind, weniger sinnlos. Jedenfalls denke ich dabei im Stillen an jemanden, der so genial war, all das dauerhafter zu machen. Ich denke an Leonardo da Vincis *Mona Lisa*. Hat jener auf seinem Bild nicht einen hochgelegenen See gemalt, der eine Berglandschaft krönt, die vom tiefsten Tal Schritt für Schritt bis zum Gipfel ansteigt? Diese vertikale Landschaft dient der weiblichen Figur im Vordergrund als Hintergrund. Der ganz oben gelegene See befindet sich genau auf der Höhe ihrer Augen. Das geradezu übernatürliche Licht, das auf dem See liegt, erhöht dasjenige, das von dem Blick der Mona Lisa ausgeht. Dadurch bekommt das Gemälde eine ganz neue Dimension. Ursprünglich das Porträt einer florentinischen Bürgerin, hat das Bild heute die Bedeutung einer gewissermaßen metaphysischen Frage nach dem Geheimnis der Schönheit. Nach dem Wunder dieser ungewöhnlichen Landschaft, die das Versprechen der Schönheit enthält und die in der Tat zu der von einer Frau verkörperten Schönheit eines Körpers, eines Gesichts führt. Es ist eine Frage, in der Verwunderung schwingt. Was ist geschehen? Wie kommt es, dass es so geschah? Was ist Schönheit? Was bedeutet sie, wenn sie denn überhaupt eine Bedeutung hat? Wer sind wir, die wir ein Teil davon sind? All diese etwas wirr gestellten Fragen machen das Lächeln der Mona Lisa faszinierend und das Gemälde einzigartig.

Wie könnte ich, wenn ich an Leonardo da Vinci und an das Erstaunen angesichts der Schönheit denke, ein anderes Gemälde von ihm außer Acht lassen, das die Faszination des Gottes angesichts der Schönheit des menschlichen Körpers darstellt. Ich meine das Gemälde *Leda mit dem Schwan*, das ich einst in der Villa Borghese in Rom sah. Zeus verwandelt sich in einen Schwan, um die Frau zu verführen und zu penetrieren. Im Gegensatz zu den anderen Malern, die Leda sitzend oder liegend darstellen, zeigt Leonardo sie als Einziger stehend, so dass sie, frontal dem Licht der Welt zugewandt, ihre geheimnisvolle Herrlichkeit in ihrer ganzen Pracht darbietet und damit wohl der «gewagteste» Akt der Renaissance ist, noch vor Botticellis *Venus*. Während der Schwan versucht, ihre Schenkel mit seinen Flügeln zu umschlingen, bemüht sich Leda, mit einer Hand den langen, sich ihrem Munde zureckenden Hals von sich fernzuhalten. Von dem Bild geht eine außergewöhnliche Überzeugungskraft aus. Die meisten Werke anderer Maler mit demselben Motiv zeigen eine Szene, in der gewissermaßen die Vergewaltigung schon stattgefunden hat. Das Verlangen des Schwans wird gerade befriedigt. Das Folgende kann nur noch der Abgesang sein, mit anderen Worten «der kleine Tod». Das Genie des Florentiners liegt darin, den Moment davor festzuhalten, den des steigenden Verlangens, so wie die Säfte im Innern eines Baumes emporsteigen. Vor uns spielt sich zwischen Gott und Mensch ein Drama ab, in einer Spannung aus unbändigen Trieben und unsagbaren Ambivalenzen. Der von der Schönheit der menschlichen Kreatur erfasste Gott ist von seinem eigenen Begehren überrascht. Die Frau, die dem seltsamen Wesen widersteht, das sich ihrer bemächtigt, wird von einem Beben erschüttert. Dieses unglaublich sinnliche und doch züchtige Bild gilt als die originalgetreueste Kopie eines Gemäldes, das nicht erhalten ist. Dennoch verbleibt dank ihr das Original in unserer Imagination, die die Szene immer wieder so erträumen wird wie einst der Künstler selbst. Eine weitere Form des unendlichen Einklangs zwischen den Seelen.

Dieses verlorene Meisterwerk erinnert mich an ein anderes, ebenso berühmtes, der chinesischen Malerei, nämlich *Der Landsitz in Wang Chuan* von Wang Wei (8. Jahrhundert). Von diesem Bild, das in den Augen der wenigen, die es zu Gesicht bekamen, von erhabener Schönheit war, kennen wir nur Kopien. Auch dieses Bild lebt in der Imagination aller Künstler fort, die danach kamen und es nach ihren eigenen Träumen immer wieder neu erschufen. Geheimnisvolle Ab- und Anwesenheit! Hier könnte uns eine weiterreichende Frage plagen. Ist nicht alles nur subjektiv? Ist nicht alles nur eine Illusion? Zum Beispiel das lebendige

Universum betreffend, geben wir all den vielen Elementen, für die wir empfänglich sind, einen Sinn, während das Universum selbst uns gleichgültig erscheint, wie abwesend von unseren Sehnsüchten. Sind wir definitiv Verlassene, Einsame, die sich nach einem verlorenen Ursprung sehnen, die ständig Träume entwerfen und verwerfen, die einen Verantwortlichen schmerzlich vermissen? Nein, man muss das anders sehen, sagt ein Meister. Wenn wir offenbar keinen Verantwortlichen im lebendigen Universum haben, dann deshalb, weil wir selbst dessen Verantwortliche sind.

Ich erinnere mich an den unvergesslichen Besuch bei einem großen, hochbetagten Maler, der als Einsiedler in einem abgeschiedenen Tal lebte, in einer notdürftigen Unterkunft inmitten einer Welt im Umbruch. Er gedachte, den großen Meistern der Song- und der Yuan-Dynastie treu zu bleiben, die auf einem geistigen Höhepunkt der chinesischen Tradition eine aufrichtig angemessene Sicht des menschlichen Schicksals inmitten des lebendigen Universums erfasst und gelebt hatten. Diese Sicht, so erklärte er mir, ist nur möglich, wenn die menschliche Seele in vollem Einklang mit der WELTSEELE ist, ein Zustand, den man in alter Zeit *shen-yun* nannte, den höchsten Zustand des künstlerischen Schaffens. Die erwähnte Weltseele steht über der Natur, sie ist die Seele des DAO, des WEGES, in welchem fortwährend die URSPRÜNGLICHE LEERE und der UR-HAUCH anwesend sind. Was die Natur im eigentlichen Sinne angeht, kann sie uns nicht direkt antworten, denn wir sind ihre offenen Augen und ihr schlagendes Herz. Daraufhin entrollt der Meister die kostbaren Bildrollen, die er besitzt. Vor unseren Augen entfalten sich gewaltige Berg- und Wasserlandschaften von sakraler Größe und bewegender Tiefe, durchzogen von unsichtbaren rhythmischen Lufthauchen. Inmitten der Landschaften eine oder mehrere kleine, in Meditation versunkene Figuren. Kommentar des Meisters: «Für ein westliches Auge, das an die klassische Malerei gewöhnt ist, wo die Figuren im Vordergrund angeordnet sind und die Landschaft in den Hintergrund gedrängt ist, erscheint die Figur auf dem chinesischen Bild völlig verloren, versunken im endlosen Nebel des GROSSEN GANZEN. Aber wenn man mit ein wenig Geduld und Losgelöstheit bereit ist, die Landschaft zu betrachten und tief in sie einzudringen, konzentriert man schließlich die Aufmerksamkeit auf die kleine Figur und identifiziert sich mit diesem empfindsamen Geschöpf, das, an einer dafür besonders günstigen Stelle platziert, gerade dabei ist, die Landschaft zu genießen. Man gewahrt dann, dass es tatsächlich das Auge und das Herz eines großen Körpers ist. Es ist gewissermaßen der Drehpunkt, um den sich ein organischer Raum entfaltet und auf diese Weise nach und nach zu seiner inneren Landschaft wird.» Tatsächlich habe ich an jenem Tag begriffen, dass man aus dieser Haltung heraus annehmen kann, dass innerhalb des WEGES der Mensch gemacht worden ist, um, wie ich schon sagte, das offene Auge und das schlagende Herz des lebendigen Universums zu sein. Er ist dann nicht mehr dieses entwurzelte, einsame Wesen, das das Universum von einem separaten Ort aus betrachtet. Eigentlich können wir das Universum nur deshalb denken, weil das Universum in uns denkt. Vielleicht ist unser Schicksal Teil eines Schicksals, das größer ist als das unsere. Das macht uns keineswegs kleiner, sondern größer: Unsere Existenz ist dann nicht mehr diese absurde, flüchtige Episode zwischen zwei Staubkörnern, sondern sie erfreut sich einer offenen Aussicht.

Diese besondere Begegnung und noch andere haben mich davon überzeugt, dass die menschliche Seele fähig ist, sich zu erheben, dass sie die göttliche Seele erreichen kann. Neben der Schönheit des Körpers gibt es sehr wohl eine Schönheit der Seele. Sie wird «Güte» genannt und besitzt tatsächlich das Wesentliche der wahren Schönheit. Die Schönheit des Körpers ist vergänglich, sie kann auch durch Perversion verdorben werden. Die Güte ist, sofern sie echt ist, nicht durch die Zeit begrenzt, sie ist von einer ungetrübten Schönheit. Das erlaubte mir eines Tages zu schreiben:

Die Güte schließt den Missbrauch der Schönheit aus;
Die Schönheit, ihrerseits, macht die Güte begehrenswert.

Bei einem Menschen scheint die Schönheit der Seele im Blick durch und drückt sich in einer Reihe von Gesten aus. Sie berührt uns jenseits der Worte. Nur stumme Tränen können manchmal die Ergriffenheit ausdrücken, die sie bewirkt.

Ich habe die Werke Leonardo da Vincis erwähnt, die die Schönheit des Körpers feiern, und ich sollte mich an einen weiteren Moment des Einklangs der Seelen im Louvre erinnern vor seinem Gemälde *Anna selbdritt*, das die Schönheit der Seele lebendig werden lässt. In einer zugleich vertikalen und kreisförmigen Komposition verkörpert sich vor uns eine Ordnung der Weitergabe, deren treibende Kraft die Mutterliebe und die Nächstenliebe sind. Von oben nach unten, von der heiligen Anna zur Jungfrau Maria, von der Jungfrau Maria zu Jesus, von Jesus zu dem Lämmchen, mit dem er spielt, hat jeder eine Geste des Schenkens und des Schützens und öffnet damit einen Raum voller Zärtlichkeit und Angst, voller Zerbrechlichkeit und Entschlossenheit. Das hohe Versprechen des WEGES muss gehalten werden; es wird gehalten. Das Glück der menschlichen Liebe ist da, zweifellos. Doch eine Vorahnung gärt bereits in ihm: Die unbedingte Liebe ist ein vollkommenes Geschenk, sie besitzt keine Waffen und ist schutzlos. Eines Tages wird das Kind groß sein, wird nicht mehr mit dem Lamm spielen, es wird selber zum Lamm werden. Ein Lamm, das seinen Opfergang akzeptiert, um zu beweisen, dass die bedingungslose Liebe existiert, damit eben jenes hohe Versprechen des WEGES gehalten wird. Der Tod wird dann plötzlich zum Übergang in eine andere Lebensordnung.

Mein Leben hat mich hinreichend gelehrt, dass die wahre Güte sich nicht auf einige gutgemeinte Gefühle oder Gelegenheitssympathien beschränkt, schon gar nicht auf eine naive oder bemühte Engelsgüte. Sie ist äußerst anspruchsvoll. Denn das Übel ist in all seinen Formen in der Welt unterwegs, und das schrecklichste ist dasjenige, das Menschen anderen Menschen antun. Der Mensch, dieses mit Vernunft und Freiheit begabte Wesen, ist «zu allem fähig». Viele Seelen streben ihrer Erhebung zu, denn sie wissen, dass darin die wahre Freiheit liegt. Am anderen Ende der Kette versinken viele andere, von unterschiedlichsten Begierden verblendet, mit grenzenloser Brutalität und Grausamkeit in finstere Niedertracht. Diejenigen, die sich der Güte verschreiben, haben Prüfungen zu bestehen, die sie oft mit ihrem Leben bezahlen. Die Sucher des Wahren und des Schönen wissen, dass auf dem WEG das Leiden eine unvermeidliche Passage darstellt, durch die man das Licht erreichen kann.

In dem tragischen Abgrund einer verfinsterten Welt, in schwärzester Nacht ist das geringste Licht ein Lebenszeichen, ein vorbeifliegendes Glühwürmchen, eine

über den Himmel huschende Sternschnuppe, ein auf-
flammendes Feuer … Ich möchte nochmals sagen, dass
jede Seele, so fragil und gering sie auch sein mag, ein-
geladen ist, zu berichten über ihr gelebtes Leben, über
ihr Schicksal, in dem Begeisterung, Freude, Schmerz,
Schrecken, Reue und Bedauern miteinander verwoben
sind. Alles ist Aufruf, alles ist Zeichen. Das ist der Sinn
des WEGES, der seinen Marsch der Wandlung fortset-
zen und eines Tages alles wieder aufgreifen muss, was
von LEBEN zeugt.

Ich erinnere mich auch an eine Nacht mitten im Herbst,
als der Vollmond im Zenit stand. Ganz China ist bewegt. Die in reinigende Helle gebadete Erde ist eine
Flut, die von der Sehnsucht nach dem Ursprung angezogen wird. Alle geraten in einen schlafwandlerischen
Zustand, der Wachtraum tritt an die Stelle des Schla-
fes. Das Nahe erreicht das Ferne, die Gegenwart die
Vergangenheit, nichts ist voneinander getrennt, ein Gefühl der Vereinigung bemächtigt sich unser und stellt
uns mitten ins Glück. Kaum sind wir dem Jugendalter
entwachsen, bereits von der Leidenschaft der Liebe ge-
packt. Wir steigen ins Tal hinab, gehen einen Fluss entlang, der nach Hyazinthen duftet, und durch die Felder, deren Goldgelb in der Brise schillert. Ein Stück
weiter erklimmen wir einen Hügel, mit Kiefern bestan-
den, in denen ein ewiges Pfeifen zu hören ist, beredter,
so scheint es, als unsere leeren Worte. Unsere ergriffe-

nen Herzen verstummen plötzlich. Wir lauschen den Echos, die von der anderen Seite des Hügels zu uns herüberschallen. Der Ruf stürzenden Wassers dringt immer heftiger ans Ohr. Wir steigen den Hügel hinab, erneut zum Fluss hinunter, an eine Stelle, an der er zwischen zwei steil abfallenden Felsen einen breiten Wasserfall bildet, der von einer Brücke überspannt ist. Diese Brücke, ganz von Frische und Tosen beherrscht, lädt zu Begeisterung und Geständnissen ein. An diesem Ort verabreden sich die Liebespaare. Mein Herz klopft, es hegt den verrückten Traum, dass die heimlich geliebte Person mich dort erwarte. Unter all den anwesenden, vom Augenblick entzückten Gesichtern ist eines, einzigartig, ohne das alles Abwesenheit wäre. Aber gleich einem Spiegel, der sich dem aus uralten Zeiten kommenden Licht entgegenstreckt, ist das geliebte Gesicht da, selbstverständlich da, und es lächelt mich an. Auf dieser Erde also findet das Wunder statt. Als hätten wir uns jenseits all der Sterne hier verabredet und Wort gehalten. Sofort verwandelt sich der Augenblick in Ewigkeit. Genügt mir das? Wird daraus eine dauerhafte Liebe entstehen? Eines ist sicher: Der ganze Rest meines Lebens wird Sehnsucht sein. Nichts wird an Heftigkeit dieses Geschenk übertreffen können, das von einer Brücke gewährt wurde, die zwei ins Bodenlose stürzende Felswände verbindet.

Ich erinnere mich an die Liebesnächte. Der höchste Zustand fleischlicher Ekstase geht über den Körper hinaus. Die Chinesen bezeichnen das mit dem Ausdruck «geschmolzene Seele» oder «in Seele zerfließen».

Dennoch geht alles durch den Körper. «Der Körper ist die Werkstatt der Seele, in der der Geist seine Übungen abhält.» Erinnern Sie sich an diese Formel der großen Mystikerin Hildegard von Bingen. Die Seele behält in Erinnerung, was der Körper erlitten hat. Diesen Körper, der allenfalls zwei Meter misst, stellt das irdische Leben auf eine harte Probe. Er kann wunderbare Glücksgefühle schenken, aber er muss auch bereit sein, unzählige Übel zu ertragen, wenn ihn Unheil heimsucht: Durst, Hunger, Krankheiten oder Verletzungen, die furchtbare Schmerzen oder manchmal unerträgliche Entstellungen zur Folge haben können. Fällt er unter Umständen in die Hände von Folterern, muss er sich auf die schlimmsten Qualen gefasst machen, denn menschliche Grausamkeit und Fantasie sind grenzenlos.

Wenn ich auch insgesamt eher glimpflich davongekommen bin, vergesse ich doch nicht jene Blinddarmoperation, die ich mitten auf der Flucht unter unzureichender Betäubung erduldet habe. Ebenso wenig vergesse ich den ungeheuren Durst, den ich während einer Expedition in den fernen Westen Chinas gleich nach dem Krieg ertragen musste. Wir fahren in einem für zivile Zwecke zur Verfügung gestellten Militärlast-wagen die Wüste Gobi entlang. Ein Sandsturm kommt auf, lässt die Piste und den Horizont verschwinden und hindert uns an der Weiterfahrt. Als der Sturm sich gelegt hat, bestätigen sich unsere Befürchtungen: Der Lastwagen springt nicht mehr an. Unser Fahrer ent-puppt sich als völlig inkompetent und verschlagen. Er war einer alten, kürzeren, aber als gefährlich geltenden Route gefolgt, nur um zu seinen Gunsten Treibstoff einzusparen. Während der Fahrer sich am Motor zu schaffen macht, zerstreuen wir uns in verschiedene Richtungen, um den Ort zu erkunden. Unter einer erbarmungslos vom Himmel herabbrennenden Sonne weit und breit nur Sanddünen, von Felsplatten durch-zogen. Kein Baum, kein Schatten, keine Hilfe in Sicht. Wir kehren unverrichteter Dinge zurück und bemer-ken, dass sich unterdessen der Zustand unseres Körpers verändert hat. Die trockene Luft hat, ohne dass wir es gemerkt haben, reichlich von uns getrunken. Der Schweiß, der unseren Körper bedeckte, ist zu einer klebrigen Schicht erstarrt, die alle Poren verstopft. Der Durst beginnt, uns zu quälen. Je weiter er Fleisch und Knochen durchdringt, desto mehr verzichten wir darauf, die vergehenden Stunden zu zählen. Unser Körper nimmt sich für ein einziges Verlangen zusam-men: trinken. Aber es gibt nicht einen Tropfen Wasser mehr. Der Tag zieht sich zurück, die Nacht senkt sich herab. Die untergehende Sonne mit ihrem roten Maul ist ein blutrünstiges Raubtier, das nur zögerlich in seine Höhle zurückkehrt. Da stehen wir, winzige Teilchen eines Universums, das nur noch Durst ist. In der Nacht bleiben wir aus Angst vor Skorpionen im Lastwagen liegen und können kaum atmen. Unser Rachen brennt wie Feuer und stürzt uns ins Delirium. Wir glauben dem Geräusch eines Wasserfalls nachzueilen oder vor einer Tränke niederzuknien, in die sich die Milchstraße in Strömen ergießt. Im Morgengrauen weckt uns eine schneidende Kälte. Wir verlassen den Lastwagen, um die kostbare frische Luft zu atmen, wohl wissend, dass uns gleich die Hitze zu schaffen machen wird. Und wieder richten wir uns im langen Warten ein. Unter uns beschließen zwei Burschen, die es nicht länger aushalten, zu Fuß aufzubrechen, ungeachtet der Warnung des Fahrers, dass sie Gefahr laufen, umzufallen und in der Hitze zu verenden. In meiner Verblendung folge ich ihnen, stapfe durch den brennend heißen Sand, der meine Schritte augenblicklich verschlingt. Nach einer Stunde sehen wir uns von der grenzenlosen Weite besiegt und gezwungen umzukehren, stumm vor Erschöpfung. Uns alle plagt neben Durst und Hunger auch noch die Angst: In dieser feindseligen Gegend kann man plötzlich wie aus Stein tot umfallen.

Erst nach Mittag reißt uns der Riesenlärm eines anderen Lastwagens aus unserer niederdrückenden Starre. Nachdem ich fast dreißig Stunden ohne zu trinken in der Wüste verharrt habe, während ich spüre,

wie die ersten Tropfen die Haut meiner Kehle netzen –
bin ich da einfach nur froh, dass ein Bedürfnis meines
Körpers gestillt wird? Ich werde von einer heftigen Erschütterung zu Boden geworfen und überrasche mich
dabei, dass ich im Sand niederknie. Ein unsagbares
Gefühl erfüllt meine Seele, ein Gefühl der Dankbarkeit
gegenüber denen, die uns gerettet haben, gewiss, aber
wie sehr erst gegenüber dem Wunder des LEBENS, das
Versprechen zu enthalten scheint, die die Menschen
nicht erahnen können. Das menschliche Leben muss
schreckliche Prüfungen überstehen, und das echte Leben besteht so oft aus unerfülltem Begehren. Wie sollten wir da nicht staunen, dass die Natur grundsätzlich
kein Verlangen hervorbringt, das sie nicht befriedigen
kann? Muss man in diesem Fall das Wasser nicht an
seiner Quelle zu trinken versuchen, da, wo es frisch
und unerschöpflich ist? Der junge Mann, der ich damals bin, begreift den besonderen Aufruf, der an ihn
ergeht, nämlich sein höchstes Begehren stets an dem
UR-BEGEHREN auszurichten, das – ich wiederhole es –
dem Erscheinen des lebendigen Universums vorausge-
gangen ist. Dieses LEBENSBEGEHREN kann wahrscheinlich mehr, als die Menschen zu hoffen wagen. Meine
Seele wird jene Tage nicht vergessen. Heute, etwa sieb-
zig Jahre später, nachdem sie so oft getrauert hat,
schreibt sie noch mit naiver Spontaneität:

Schon fast verdurstet,
Ein Schluck Wasser;
Jeder Tod ist Leben:
Wüste-Oase.

Im Übrigen bestätigt die Fortsetzung unserer Expedition meine Eingebung. Nachdem wir Turpan durchquert haben, das unter dem Meeresspiegel liegt, gelangen wir in die Provinz Qinghai, die über die Hochebene mit dem fernen Tibet verbunden ist. Der Lastwagen hievt uns übergangslos auf dieses Plateau in viertausend Meter Höhe, über das ein unermüdlicher Wind hinwegfegt. Ganz hinten am Horizont schimmert der Kunlun Shan, eine prächtige Gebirgskette mit ewigem Schnee, die zum Dach der Welt gehört, das sich achttausend Meter hoch erhebt.

Mit stockendem Atem und pochendem Herzen stehen wir verloren da inmitten einer unermesslichen, von Felsspalten und Wiesen übersäten Weite. Wir wissen ganz aufgeregt nur, dass wir nicht weit von der Quelle des Gelben Flusses entfernt sind, der ein ganzes Volk über mehrere Jahrtausende ernährt und geprägt hat. Die in den nie erforschten Hochgletscherspalten verborgene Quelle ist im Moment vollkommen unzugänglich. Wir begnügen uns damit, einen Bach entlangzugehen, den Fluss an seinem Anfang, und wir trinken, erneut voller Dankbarkeit, klares, frisches Wasser und stellen uns dabei vor, wie dieser relativ bescheidene

Wasserlauf an Breite gewinnt, durch Täler und Ebenen fließt, Tag und Nacht ohne eine Sekunde Pause vorrückt, um sich schließlich ohne Wiederkehr ins Meer zu stürzen. Naiv frage ich mich: «Wenn er sich so verschwenderisch schenkt, wird er dann nicht versiegen? Wie kommt es, dass diese Quelle unerschöpflich ist?» Und in dem Moment sehe ich dort oben die Wolken, die sich im Wasser spiegeln, ab und zu durchkreuzt von vorüberfliegenden Adlern oder Schwänen. Aber ja, wenn das Wasser fließt, verdunstet es, verdichtet sich als Wolken im Himmel und fällt als Regen nieder, um den Fluss an seiner Quelle neu zu speisen. Der große Kreislauf zwischen Himmel und Erde. Wie herrlich! Was für ein Wunder! Mein junges Herz steht im Einklang mit dem, was im *Buch vom Weg und seiner Wirkung* gesagt wird: Kein Gehen ohne Rückweg, kein Loslassen ohne Wiederaufnahme. Das LEBEN als reiner Verlust? Mit dem ganzen Durst meines Wesens habe ich «Nein!» geantwortet.

An der Quelle des Gelben Flusses träumte ich natürlich vom Meer, obgleich ich es damals noch nicht kannte, obgleich nicht einmal die Hoffnung für mich bestand, es eines Tages kennenzulernen. Wegen des Krieges befanden wir uns im tiefsten Innern des chinesischen Festlands, und keiner wusste, welches Schicksal ihm noch bevorstand. Nun hatte ich aber, etliche Zeit davor – damals war ich fünfzehn –, in meinem winzigen Zimmer, das auf die Hügel ging, ein ins Chinesische übersetztes Gedicht von Shelley gelesen. Der Dichter beschrieb darin, wie er an einem Sommernachmittag von den Höhen der Apenninen durch summendes Blätterwerk hindurch in der Ferne das Mittelmeer daliegen sah, diese Heimstätte antiker mythischer Götter, in all seinen Goldtönen flimmernd. Ich brannte damals darauf, mich mit den glühenden, unendliche Träume transportierenden Wellen eins zu fühlen. Ich konnte damals nicht im Entferntesten ahnen, dass ich eines Tages über die verschlungensten Umwege Bürger eines Landes werden würde, das genau an diesem von aller Welt so gepriesenen Meer liegt. Genauso wenig konnte ich voraussehen, dass ich eines Tages im Alter von achtzig Jahren den Großen Preis für Lyrik von Lerici zuerkannt bekommen würde, diesem berühmten Ort in Ligurien, an dem Shelley lebte und im Meer sein Leben verlor. So hat mich, trotz all meiner Irrungen und all meiner Nöte, ein geheimnisvoller, unsichtbarer Faden mit allem verbunden. Ich glaube eine Stimme zu hören, die mir die erstaunliche Wahrheit zuraunt: Die wahre Erfüllung unseres Begehrens ist in unserem Begehren selbst enthalten.

Aber ... auch ich habe mehr Erinnerungen, als wenn ich tausend Jahre alt wäre! Die Nacht ist weit fortgeschritten, und so sehe ich mich gezwungen, diese Erinnerungssuche zu unterbrechen. Nachdem ich den Untergrund so ausgiebig durchgraben habe, sprudeln von überall her verborgene Quellen hervor. Ich möchte sie gern alle durcheinander an mich herankommen lassen, ohne sie zu ordnen oder einzuschränken. Die Fortsetzung dieses Briefes also an einem anderen Tag.

Liebe Freundin, ich habe diesen Brief mit Erinnerungen an Tagesanbrüche begonnen. Ich bin mir sicher, Sie gehören wie ich zu denen, die sich regelmäßig die Zeit nehmen, dem Auf- und Untergang der Sonne beizuwohnen und sich von ihrer Pracht bezaubern zu lassen. Was mich angeht, finde ich mich regelmäßig zum Sonnenuntergang am Meer oder am Fluss ein, und ich werde auch des Auftauchens des großen Sterns über Gebirgsgipfeln nicht müde. Das erste Mal erlebte ich dies auf einem altehrwürdigen Berg im Süden Chinas. Nach einem eintägigen, mühsamen Aufstieg nähern wir uns dem in Wolken gehüllten Gipfel, wir betreten die würdevolle Zone hoher, jahrhundertealter Nadelbäume, deren harziger Duft uns berauscht, uns mit dem archaischsten Universum eins sein lässt – ein Gefühl von Ursprünglichkeit. Wir werden von Mönchen in einem Tempel empfangen und lassen alles hinter uns zurück. Die Nacht ist schon herabgesunken. Eine Waschung direkt am Wasserfall, eine karge Mahlzeit, und schon lassen wir uns von den Glöckchen, die an den Ecken des Vordachs aufgehängt sind, in den Schlaf wiegen. Um fünf Uhr in der Frühe erklimmen wir eine hoch gelegene natürliche Terrasse aus großen flachen Felsen. Wir sind etwa dreißig Personen und warten dort, einige stehend, andere sitzend, lachend, schwatzend, im undurchdringlichen Dunkel, das ab und zu von unheilschwangeren Nachtvögeln durchquert wird. In der Ferne erahnt man eine Bergkette, die wie ein Wall das «Diesseits» vom «Jenseits» trennt. Plötzlich Schweigen, als ein Lichtschein den Horizont nachzeichnet – ein Gongschlag, der uns ins Herz trifft, ein Schwerthieb, der die Finsternis zerteilt. Das Licht gibt ein Zeichen, das Leben kündigt sich an, nichts kann es mehr daran hindern. Voller Pathos, aber sicher, Zentimeter um Zentimeter, taucht die leuchtende Scheibe aus dem Dunkel auf. Vom Sakralen erfasst, Tränen in den Augen, schweigen wir, bis der Stern sich in seinem ganzen, unleugbaren, so beherrschenden wie unwiderstehlichen Rund darbietet. Da brechen wir in Beifall aus, in Hurra-Rufe, wie um in den Gesang der Wolken einzustimmen, die erglühen und in allen Farben erstrahlen, deren das Universum fähig ist.

Angesichts von so viel Herrlichkeit kann uns ein Gefühl der Niedergeschlagenheit überkommen. Wer sind wir? Was machen wir hier? Sehen wir winzige Staubkörner nicht eher kläglich und etwas lächerlich aus? Man könnte sich tatsächlich zu einem kleinen, zynischen Lachen hinreißen lassen. Doch eine andere Stimme lässt sich vernehmen: «Staubkörner, ja. Aber du bist der, der gesehen hat. Gesehen zu haben, ist keine Kleinigkeit. Niemand kann mehr bewirken, dass du nichts gesehen hast. Die Tatsache des Gesehenhabens ist unauslöschlich. Man kann dir noch so oft wiederholen, dass das Universum seit Milliarden von Jahren existiert, du bist zum ersten Mal da. Du siehst den Himmel sich erheben und die Welt erleuchten, als wohntest du seinem Erscheinen bei. Das Universum erscheint in dem Maße, wie du erscheinst. Dieser Moment der Begegnung gibt dir wie dem Universum einen Sinn – ein Moment, der auf die Ewigkeit trifft, ein Ewigkeitsmoment.»

Sehr viel später, in der Normandie, zwischen Lisieux und Pont-l'Évêque im Augetal, marschiere ich allein.

Mittag Stille
Mich wie ein Blitz treffend
Inmitten der Felder,

Ein Schrei,

Vom heiteren Blau herab,
Von deinem hohen Fluge,
Der lobpreist und jubiliert.

Lerche!

Und dann ist da dieser Lichtstrahl an einem Nachmittag, der in eine düstere Behausung eindringt. Während er durch diesen Kontrast das menschliche Elend hervorhebt, erscheint er dennoch wie ein von weither gekommener Engel, denn er wurde von einer einsamen Seele inmitten der Ewigkeit aufgefangen.

Wie könnte mich das nicht erneut an die Momente der Not und Entbehrungen erinnern? Und an mein plötzliches Zusammenbrechen auf einer Straße in Paris. Den Aussagen der Leute zufolge, die die nahe gelegene Feuerwehr riefen, fiel ich wie vom Schlag getroffen um und verletzte mich dabei am Kopf. Ich lag dort ausgestreckt, das Gesicht im Straßenstaub, blutend. Da ich bewusstlos war, transportierten mich die Feuerwehrleute nicht sofort ab. Diese ganze Zeit über, in der ich im «Koma» reglos dalag und nichts hörte, was von außen kam, war ich dennoch innerlich vollkommen «wach». Ich erinnere mich in allen Einzelheiten an eine Umgebung, in der mein «Ich» sich in einem intensiven Dialog mit sich selbst befindet. Ich treibe oder schwebe in einem offenen und zugleich vertrauten Raum. Keine deutlich zu unterscheidenden Farben, nur ein samtiges Grau von äußerster Zartheit, das in gedämpftes Licht getaucht ist und mich still umhüllt.

Ich lasse mich tragen und berausche mich an diesem von jedem Hindernis befreiten Zustand, auch wenn sich nach einer Weile eine Stimme in mir erhebt: «Wo bist du? Wo bist du?» Es folgt eine Reihe von Fragen:

«Bist du vor deiner Geburt? Oder bist du nach deinem Tod? Vor der Geburt, nach dem Tod, was macht das für einen Unterschied? Du hast ein Leben gelebt, oder du wirst ein Leben leben, wer kann das schon wissen!» Und dann, Ende des Fragens. Es bleibt mir nur noch eine Bestätigung mit ihren Echos, die schließlich der Stille weichen: «Du bist hier, es geht dir gut; du bist hier, es geht dir gut; du bist hier, es geht dir gut ...» Ich treibe oder schwebe weiterhin, ohne noch an irgendetwas zu denken, bis eine Stimme von außen an mein Ohr dringt: «Hören Sie mich, hören Sie mich?» Aus der Tiefe meiner Vorhölle antworte ich: «Ein wenig, ich höre Sie ein wenig ... Wo sind wir?» Der Feuerwehrmann sagt den Namen der Straße. «Ja, ich kenne diesen Namen, ich erinnere mich an diese Straße. Ich war mal dort ... Aber wann? All das ist weit weg, so weit weg ...»

Daraufhin spüre ich, die Augen noch immer fest geschlossen, dass man mich in einem Fahrzeug mit heulender Sirene abtransportiert. Als ich schließlich von weit weg in die irdische Gegenwart zurückkehre, befinde ich mich in einem großen Wartesaal der Notaufnahme eines Krankenhauses, inmitten vieler anderer Lebensversehrter.

Ein langer Tag des Wartens, unterbrochen von Untersuchungen des Bluts, des Herzens und des Gehirns. Am Ende des Tages serviert man mir eine Mahlzeit, worauf der Arzt in meiner Gegenwart das vorläufige

Ergebnis bekannt gibt. Er spricht von Bluthochdruck, Herzstillstand und einer noch durchzuführenden eingehenderen Untersuchung in einem anderen, mit MRT-Geräten ausgestatteten Zentrum. «Bis dahin können Sie nach Hause gehen. Kann Sie jemand abholen?» – «Nein, niemand.» – «Gut, Sie können allein gehen. Sie müssen nur vorsichtig sein. Wissen Sie, mein Herr: Was Leben und Nicht-Leben trennt, ist so dünn wie Zigarettenpapier. Aber die Trennung existiert. Sie sind auf dieser Seite des Lebens, viel Glück!»

Draußen ist die Nacht herabgesunken. Die Straßenlaternen brennen, auf den Straßen wimmelt es von ungeduldigen Fahrzeugen und eiligen Fußgängern. Eine Stimmung von Anonymität und Gleichgültigkeit überfällt den Einsamen: Nur der Verband an meiner Stirn erntet den einen oder anderen Blick. Mechanisch gehe ich die Straße entlang. Ich gelange an eine kleine Grünanlage mit einer Bank. Der Lärm der Stadt verflüchtigt sich. Alles wird ruhig. Ich bin hier allein, aber ich bin auf der Seite des Lebens. Im dritten oder vierten Stock eines gegenüberliegenden Hauses öffnet sich ein Fenster. Eine sanfte Musik ist zu vernehmen. Dann ein wehmütiges, einst gehörtes Lied, von einer Frauenstimme gesungen. Diese Art Musik nehme ich für gewöhnlich nur flüchtig wahr. Jetzt trifft sie mich in Körper und Seele und treibt mir gegen meinen Willen die Tränen in die Augen. Ich sehe mich wie dieses Wesen, das, nachdem es unzählige stumme Sterne besucht hat, auf der ERDE strandet, die als Abgrund des Leidens gilt. Sie erscheint mir plötzlich von einer unendlichen Zärtlichkeit, von Grund auf mütterlich und bemutternd. Denn aus ihrem Tal der Tränen steigt ein Gesang auf, der daran erinnert, dass jede Seele, die sie bewohnt, seit ihrer Geburt ein Wiegenlied in sich trägt. Dieses Wiegenlied, das mit dem Ur-Gesang in Einklang steht, klingt unaufhörlich in ihr fort, selbst wenn es so viele Male vom tobenden Lärm der Gewalt erstickt und gemeuchelt wird. Bis ans Ende. Selbst wenn kein Grashalm mehr übrig bleibt, wird die Menschheit ihr Wiegenlied summen, das die Erinnerung an sie für immer wachhalten wird.

Ich denke an die letzten Lieder unserer großen Komponisten, an ihre entblößte Seele. Keinerlei Bemühen mehr zu verführen, zu überzeugen. Nichts als ungeschminkte Geständnisse. Der *Orfeo* von Monteverdi, die *Matthäus-Passion* und die Kantaten von Bach, das *Requiem* von Mozart, die Streichquartette Beethovens, die *Winterreise* und die Sonaten von Schubert, bestimmte Stücke von Couperin, Brahms, Dvořák, Chopin, die *Vier letzten Lieder* von Richard Strauss, *Das Lied von der Erde* von Mahler, das *Requiem* von Fauré, die *Dialogues des Carmélites* von Poulenc, die Lobgesänge aus *Saint François d'Assise* von Messiaen ... All diese Werke verkörpern die Essenz des WESENS, Gesänge, geläutert von der menschlichen Seele.

Zufällig lese ich gerade ein schönes Buch von Christiane Rancé, das eben erschienen ist, *En pleine lumière*, und stoße auf diese Passage: «Wie wird meine Seele meinen Körper verlassen, und was könnte bewirken, dass sie dem zustimmt, ohne sich allzu sehr dagegen zu sträuben? ... Die Frage hat mich lange beschäftigt, bis zu dem Tag, an dem ich die *Ungarische Melodie in h-moll* von Franz Schubert, meinem Lieblingskomponisten, in der Interpretation von David Fray hörte. Endlich hatte ich mein Viatikum gefunden, den Rhythmus der Ablösung zwischen Seele und Körper. Drei Minuten Klavier, die die Seele auffüllen wie ein Luftschiff, ohne Pathos, ohne Aufhebens, ohne großen Pomp ... Genau diese Melodie mögen die Musikerengel spielen, um mich in meiner letzten Stille zu begleiten.»

Berlioz seinerseits schreibt in seinen *Mémoires*: «Wenn sein Herz bei der Berührung mit der poetischen Melodie erschauerte, wenn er diese innerste Hitze gespürt hat, die das Glühen der Seele ankündigt, ist das Ziel erreicht, steht der Himmel der Kunst ihm offen; was bedeutet dann noch die Erde!» Berlioz spricht hier als schaffender Künstler. Seine Äußerung erinnert uns daran, dass das künstlerische Schaffen im Allgemeinen dem gleichen Prozess unterliegt. Kunstwerke sind die sprechenden Gestalten des empfindenden Universums, durch eine menschliche Seele verinnerlicht und von ihr mit Hilfe des Geistes neu erschaffen. Hören wir Kandinsky: «Der Künstler ist die Hand, die durch diese oder jene Taste zweckmäßig die menschliche Seele in Vibration bringt. [...] Cézanne verstand es, aus einer Teetasse ein beseeltes Wesen zu schaffen oder richtiger gesagt, in dieser Tasse ein Wesen zu erkennen» (*Über das Geistige in der Kunst*). Nicht alle Menschen sind zwangsläufig Künstler, aber jede Seele hat ein Lied. Sie ist imstande, anderen Liedern zu antworten, die zu ihr sprechen. Zu allen Zeiten, in allen Kulturen hat jede Seele eine Musik, die sie gern in dem Moment hören möchte, da sie die irdische Wiege verlässt. Die Seele wird immer mit einem Lied in Einklang sein, das umfassender ist als sie selbst.

Ich vergesse keineswegs, dass nicht nur die Freude zum Teilen aufruft, sondern auch das Leiden. Angesichts des rätselhaften oder empörenden Schweigens erhofft der Leidende Hilfe und Verständnis. Ihm offenbart sich eine grundlegende Wahrheit: Die Tatsache, dass jeder Mensch einzigartig ist, isoliert ihn keinesfalls in einem außergewöhnlichen Schmuckkästchen. Ein Mensch könnte nicht einzigartig sein, wenn die anderen es nicht auch wären. Der betreffende Mensch wäre sonst nur ein bizarres Exemplar. Die Einzigartigkeit jedes Menschen setzt voraus, dass sie eine universelle Tatsache ist. Wir müssen folgendes Paradoxon feststellen: Die Einzigartigkeit ist an die Universalität gebunden. Dieses Paradoxon ist keines, im Gegenteil, es liegt in der Logik der Dinge, denn je einzigartiger man selber ist, desto mehr Sinn muss man für die Einzigartigkeit des anderen haben, desto fähiger muss man sein, dem anderen Achtung und Wert beizumessen. Das ist sogar die Grundlage, von der aus die Möglichkeit der Liebe entsteht. Derjenige, der im Bewusstsein seiner Einzigartigkeit sich in eigensüchtigem Stolz einschließt, ist nur ein widernatürliches Ungeheuer. Allein das Leiden kann ihn eventuell seiner illusorischen Eitelkeit entreißen. Auf moralischer Ebene kann das Leiden uns eine weitere Lehre erteilen. Im Laufe eines Lebens kann man Verletzungen empfangen, so wie man, absichtlich oder nicht, anderen Verletzungen zufügen kann, wie man auch schwere Fehler anderen gegenüber begehen kann. Verletzungen oder Fehler mit bisweilen schrecklichen, nicht wiedergutzumachenden Folgen, die uns in die Reue oder das Bedürfnis stürzen, um Verzeihung zu bitten. Im Allgemeinen ist es dann dazu zu spät, oder es liegt außerhalb der menschlichen Macht. Auch hier wieder stehen wir vor einem Paradoxon: Derjenige, dessen Seele derart gezeichnet und versucht ist, Vergebung zu erbitten, ist in der Lage, in das Reich von universeller Größe vorzudringen, in das Reich des grenzenlosen Erbarmens, in dem die Seelen aller unschuldigen, im Schrecken totaler moralischer Verlassenheit verschwundenen Opfer eins sind.

Ich laufe nicht Gefahr, all diejenigen aus meinem Gedächtnis zu verbannen, die diese Welt verlassen haben, die Menschen, die ich kennengelernt habe, die mir lieb geworden waren, wie auch die mir unbekannten Menschen, von deren Existenz ich erfahren habe. Allen ist die glühende Liebe zum Leben gemein. Nachdem sie mit Begeisterung gelebt haben, haben sie diese Welt verlassen, die einen in versöhnlichem Einverständnis oder mit einem an die Ihren gerichteten, herzzerreißenden Lächeln, die anderen in furchtbarer Verlassenheit oder in entsetzlichem Leid. Alle rufen bei ihrem Weggehen in den Lebenden Kummer und ein unbezähmbares Bedürfnis nach Einssein hervor. Es geschieht etwas Seltsames: Der Tod gräbt nicht nur eine gewaltige Brache der Trostlosigkeit, er eröffnet gleichzeitig eine gewaltige Flur des Einsseins, so wirklich wie der Sternenhimmel. Einssein liebender und magnetisierender Seelen, Einssein der Heiligen. Ja, Einssein der Heiligen, diese angemessene Formulierung enthält wahrscheinlich den geheimnisvollen Schlüssel des LEBENS, denn inmitten dieses grenzenlosen und unendlichen Einsseins hat sich der Tod aufgelöst, abgeschafft.

Hier könnte dieser schon recht lange Brief enden. Erlauben Sie mir, liebe Freundin, Ihnen noch mitzuteilen, was ich hier gerade vor Augen habe.

In Paris geht mein Fenster auf einen kleinen Garten, der an einen Park von majestätischem Grün grenzt.

Die Seele dieses kleinen Gartens ist eine Linde. Dank der reichen Niederschläge in jedem Frühjahr erreicht der Baum zu Beginn des Sommers eine Gestalt unglaublicher Fülle. Die Freunde, die mich besuchen, stoßen ausnahmslos ein «Oh!» der Bewunderung und vor allem des Erstaunens aus. Wie ist das nur möglich? Wie hat die Erde, die dem *Chaos* entsprang, einen Baum wie diesen mit seinem perfekten Oval aus unzähligen Ästen, Zweigen, Blättern und Blüten hervorbringen können, deren Fülle und Rascheln sich keineswegs in Unordnung verlieren, sondern einer ständigen Sorge um Eintracht und Harmonie gehorchen, die ihn zu einer emblematischen Gestalt der Schönheit machen? Wie kann dieser gerade, scheinbar einfache Stamm, ruhig und vertrauend, diese prächtige Laubkrone tragen, die so voller Adel ist und von einem Glanz, der ihn beinahe erdrückt? Von ihm ausgehend, musste jeder Ast seinem inneren Drängen folgend wachsen und atmen und gleichzeitig darauf achten, seine Krümmungen auf ein Zentrum hin zu orientieren, dessen Zentripetalkraft in jedem Moment eine gerechte Verteilung von Luft, Licht und Saft für das gesamte Geäst sicherstellt. Eine organische Anwesenheit, die aus bebendem Wechselspiel entsteht, wird hier erkennbar. Sobald auch nur eine leise Brise aufkommt, steigt sie in deren Rhythmus ein, bewirkt einen deutlichen Bruch im Raum, ein OFFENSEIN, in dem das Endliche und das Unendliche fortwährend einander umwerben.

Ein Wille unterstützt diese Anwesenheit, eine Absicht wohnt ihr inne. Gleich einer stetig emporschießenden Fontäne ist sie nur noch Schenken und Empfangen. Rückhaltlos teilt sie duftende Schatten und nährende Frische an all die aus, die von ihren Wellen angezogen werden, Zugvögel, Wanderer.

Das enge Verhältnis zwischen Baum und Vogel erscheint natürlich. Aber tragen wir der Verbindung zwischen Baum und Mensch genügend Rechnung? Sind wir uns bewusst, dass wir keinen zuverlässigeren und dauerhafteren Gefährten als ihn in der Natur finden können? Dieses Wesen, das *aufrecht* dasteht wie wir, das aus der Tiefe des Bodens entschlossen in die Höhe strebt, erinnert uns daran, dass unser Sein ebenso sehr der Erde wie dem Himmel ähnelt. Auf ihrem Grund aus Lava, Humus oder Schlamm fußend, entfaltet sich der Baum ganz wie ein Trichter, um den vom Himmel gefallenen Regen zu trinken und um den aus noch größerer Höhe gekommenen, leuchtenden Hauch zu trinken, von dem das gesamte Universum beseelt ist. Bisweilen erhebt sich inmitten der Wüste oder am Horizont einer Ebene ein einzelner Baum. Das genügt uns, den Nomaden, die wir sind, damit wir uns nicht mehr allein fühlen, damit uns die Schöpfung nicht mehr sinnlos erscheint. Erneut stürmen Fragen auf uns ein, die scheinbar keine Antwort haben, die aber, einmal gestellt, ebenso gut schon Antworten sein könnten. Warum hat die Erde, die von vielen als blind, unbewusst und ohne jede Richtung angesehen wird, zu etwas so Vollkommenem wie einem Baum geführt? Allgemeiner gesagt, warum hat die namenlose Unermesslichkeit jedes auch noch so winzige Wesen in seiner unauflösbaren Einzigartigkeit hervorgebracht? Warum sind wir hier, genießen das Privileg, diese Dinge zu sehen und von ihnen berührt zu sein, zugleich wohl wissend, dass wir nicht von uns selbst kommen? Warum gibt es so unendlich viele Anwesenheiten, die vor Lebenwollen pochen? Warum gibt es so unendlich viele Zeichen, die vor Rufen und Bedeutungen beben? Im Tal, das eben in Stille versunken war, beginnt ein Vogel zu singen, und schon werden wir von einer unsagbaren Sehnsucht überwältigt. Auf dem hohen, vom Wind kahl gefegten Berg begrüßt uns eine wilde Blume, und wir fallen vor Dankbarkeit auf die Knie. Hier lädt uns unsere Seele ein, dem Geheimnis beizupflichten. Wir, die wir den sichtbaren Teil des Universums sehen und selber ein Teil von ihm sind, *werden wir gesehen?* Wenn nicht gerade das Sehen am Anfang stünde, wären wir dann fähig zu sehen?

Ja, wir müssen demütig genug sein, um zu erkennen, dass alles, das Sichtbare und das Unsichtbare, von JEMANDEM gesehen und gewusst wird, der uns nicht gegenüber, sondern an der Quelle steht. Nur wer das vollkommene Sehen besitzt, erfreut sich wahrhaftigen Wissens und wahrhaftiger Macht. Dank dieser Tatsache befindet sich das lebendige Universum im Werden

und wir auch. Ein plötzlich aus meinem Gedächtnis
aufgetauchtes Lied kommt mir auf die Lippen, ich
widme es Ihnen:

Eine Iris
Und alles Erschaffene gerechtfertigt.
Ein Blick
Und gerechtfertigt das ganze Leben.

Ihr ergebener

F. C.

Sechster Brief

Liebe Freundin,

wenn ich mit Ihnen so über die Seele nachdenke, scheint es mir unmöglich, Ihnen nichts über Simone Weil zu erzählen, diese Persönlichkeit des Absoluten, die das düstere 20. Jahrhundert erhellte, während sie es durchschritt. Ein vielschichtiges, intensives Leben, das in einer kurzen Existenz die vielfältigen Aspekte der menschlichen Wirklichkeit erfasst hat. Und doch würde ich, wenn ich ihr Schicksal zusammenfassen müsste, folgende Formulierung wagen: eine Entwicklung hin zur Seele. Das bedeutet, dass ihr Leben eine ununterbrochene Suche nach dem Wesentlichen war.

Ein weiterer Grund veranlasst mich, Ihnen von ihr zu erzählen: Unser Nachdenken über die Seele hatte bis jetzt das einzelne Schicksal zum Gegenstand. So war es auch bei ihr, aber am Ende ihres Lebens brachten die Umstände des Krieges sie dazu, ihre Sicht der Seele auf die Dimension der Gemeinschaft zu erweitern. Das Ergebnis ihres mit Dringlichkeit verfolgten, in einem Buch festgehaltenen Nachdenkens ist in jeder

Beziehung ein außergewöhnlicher Beitrag. Er konfrontiert uns mit der Vorstellung, wie eine Gesellschaft sein könnte und müsste, in der der Mensch nicht vergessen hat, dass er eine Seele besitzt. Dabei entwickelt Simone Weil in ihrer Überzeugung eine solche Kraft, in ihren Ausführungen eine solche Klarheit, dass diese Sicht auch von Personen als wichtig anerkannt wurde, die von nichtreligiösen Denkrichtungen herkamen, wie Camus, Bataille, Cioran und vielen anderen.

Also eine Entwicklung hin zur Seele. Aber ausgehend von der Bejahung des Geistes. Denn am besten kennzeichnet ihre Lehrzeit, von Ende der zwanziger bis Mitte der vierziger Jahre – zunächst als Studentin des Philosophen Alain am Lycée Henri-IV, danach an der École Normale Supérieure mit Abschluss als Gymnasiallehrerin in Philosophie –, wohl das Primat des Geistigen. Unter Geist versteht sie die Fähigkeit des Menschen, die ihm ermöglicht, sein Leben zu verstehen und vernunftgemäß zu gestalten. Im Dienst dieser Fähigkeit hat sie all ihre intellektuellen Kräfte mobilisiert. Als glühende Anhängerin Platons war sie von der Macht der Ideen überzeugt. Darum betrieb sie unermüdlich geistige Studien mit dem Ziel, einige Hauptideen herauszuarbeiten, die ihr als Orientierung dienen sollten. Deren konsequente Umsetzung fand sich in ihren wechselnden Engagements wieder: Fabrikarbeit, Gewerkschaftstätigkeit, Teilnahme am Spanischen Bürgerkrieg.

Wie so viele meiner Zeitgenossen habe ich schon früh ihre verschiedenen Schriften gelesen, nicht systematisch, aber jedes Mal mitgerissen von ihrem Scharfsinn und ihren bestechenden Eingebungen. Schon damals entging mir nicht das Gewicht, das dem Begriff der Seele in ihren späten Schriften zukommt. Dieses Gewicht wurde mir schlagartig offenkundig, als ich mir kürzlich, wegen eines Vortrags, um den man mich gebeten hatte, die Mühe machte, all diese Texte noch einmal zu lesen. Es handelt sich um die, die sie 1940 und 1941 während ihres kurzen Aufenthalts in Marseille verfasste, und um die Schriften, die 1942 und 1943, also in ihren beiden letzten Lebensjahren, in London entstanden. Die äußeren Umstände sind Ihnen bekannt. 1940 trifft sie das vom Vichy-Regime verhängte, ungerechte Gesetz, das den Lehrkräften jüdischer Abstammung die Ausübung ihres Berufs untersagt, so dass sie im Juni mit ihrer Familie nach Südfrankreich zieht und sich im Oktober in Marseille niederlässt. Dort lernt sie den Pater Perrin kennen, einen Dominikanerpriester, mit dem sie bald einen leidenschaftlichen und anspruchsvollen Dialog unterhält. Daraus ergibt sich ein Briefwechsel, der später unter dem Titel *Warten auf Gott* veröffentlicht wird. Zur selben Zeit wird sie, nachdem sie den Wunsch geäußert hat, auf einem Weingut zu arbeiten, Gustave Thibon vorgestellt. Mit diesem Bauern und Denker entwickelt sich ein weiterer Dialog, der sich ebenso leidenschaftlich und anspruchsvoll gestaltet. Schließlich hält sie in Marseille, wo sie mit ihrer Familie auf ein Visum für die Einreise in die Vereinigten Staaten wartet, ihre Gedanken Tag für Tag in mehreren Heften fest. Bevor sie Frankreich verlässt, vertraut sie ihre Schriften Gustave Thibon an, der nach dem Krieg eine Auswahl daraus in einem Buch mit dem Titel *Schwerkraft und Gnade* veröffentlicht, das großes Aufsehen erregt. Nach ihrer Ankunft in New York hält Simone Weil es dort nicht lange aus, sie sucht mit allen Mitteln den Anschluss an das Freie Frankreich in London, was ihr Ende 1942 gelingt. Nachdem man ihren Vorschlag, sich per Fallschirm über Frankreich absetzen zu lassen, abgelehnt hat, wird sie in die Arbeitsgruppe von André Philip aufgenommen. Diese hat die Aufgabe, eine neue Erklärung der Menschenrechte auszuarbeiten, im Hinblick auf den Wiederaufbau Frankreichs und der Welt, wenn der Krieg durch den Sieg der Alliierten beendet sein wird. Unsere Philosophin wird sich plötzlich bewusst, dass ihr die Gelegenheit geboten wird, ein wichtiges gedankliches Werk zu vollenden, in dem sie ihre Fähigkeit unter Beweis stellen kann, über das Problem des Individuums und der Gesellschaft nachzudenken. Sie zieht sich in ihr Zimmer zurück, schläft und isst wenig. Von Anfang Januar bis zum 15. April, dreieinhalb Monate lang, schreibt sie hartnäckig an ihrer Arbeit. An jenem 15. April bricht sie in ihrem Zimmer zusammen und stürzt zu Boden. Auf ihrem Tisch hinterlässt sie mehrere Hundert beschriebene Seiten. Sie wird ins Krankenhaus gebracht, danach in ein Sanatorium, wo sie vier Monate später stirbt, im Alter von vierunddreißig Jahren. Ihr Manuskript gelangt 1948 zu Gallimard. Camus ist so sehr davon beeindruckt, dass er es sofort in seiner Reihe «Espoir» unter dem Titel *Die Verwurzelung* veröffentlicht, anstelle des von der Autorin vorgesehenen Titels *Vorspiel zu einer Erklärung der Pflichten dem Menschen gegenüber.*

Um zu erfahren, was Simone Weil über die Seele gesagt hat, habe ich also noch einmal ihre letzten Schriften gelesen, die den Höhepunkt ihres Denkens bilden. In *Warten auf Gott* und *Schwerkraft und Gnade* stellte ich überrascht, um nicht zu sagen, mit Verblüffung fest, dass das Wort «Geist» kaum in Erscheinung tritt, während das Wort «Seele» durchweg immer wieder auftaucht. Ein flüchtiges Zählen des Vorkommens beider Wörter ergibt Folgendes: in *Warten auf Gott* fünf Mal das Wort «Geist» und mehr als hundert Mal das Wort «Seele»; in *Schwerkraft und Gnade* sieben Mal das Wort «Geist» und mehr als sechzig Mal das Wort «Seele». Wenn wir uns auf den umfangreichsten Korpus, die *Cahiers de Marseille*, beziehen, ist das Missverhältnis zwischen den beiden Wörtern noch weit größer. Man kann ohne Übertreibung sagen, dass sich in dieser letzten Phase von Simone Weils Leben das Problem der Seele als ihre zentrale Sorge erweist.

Was *Die Verwurzelung* betrifft, so haben viele Leser, die ihr Werk zunächst durch *Schwerkraft und Gnade* kennengelernt und dann eventuell in *Warten auf Gott* weiterverfolgt haben, sich nicht mit dieser dritten Schrift beschäftigt, in der Annahme, sie spreche darin nicht mehr von ihrer spirituellen Suche, sondern über soziale Fragen. Nun bildet aber dieses Buch den Höhepunkt ihres Werkes (das, ich erinnere daran, zu ihren Lebzeiten außer einigen Artikeln nie veröffentlicht wurde) und ist somit von grundlegender Bedeutung, um ihre Vorgehensweise zu verstehen. Ihre Ansichten über die Seele werden hier deutlich erkennbar, und deshalb lade ich Sie so nachdrücklich zu dieser Lektüre ein.

Ohne Umschweife beginnt sie, eine Reihe von Eigenschaften und Tugenden aufzuzählen, die sie als «die Bedürfnisse der Seele» bezeichnet und deren Inhalt sie nach und nach entwickelt, wobei sie sich auf ihre Kenntnisse und Erfahrungen stützt. Sie setzt sie sogleich in Beziehung zu einer übernatürlichen Ordnung, die keineswegs ein sakrales Abstraktum, sondern höchst leibhaftig ist. Simone Weil ist wie Blaise Pascal überzeugt, dass «der Mensch über den Menschen hinausgeht», dass sein Schicksal Teil eines Geschehens ist, das ihn übersteigt, dass er nicht «das Maß aller Dinge» sein kann und schon gar nicht das Kriterium, um den eigenen Wert zu ermessen. Als Platonikerin, die sich später dem Christentum zuwandte, setzt sie die übernatürliche Ordnung mit dem absoluten GUTEN und der absoluten LIEBE gleich. In dieser übernatürlichen Ordnung, in der das Prinzip des Schenkens im Vordergrund steht, zeigen sich die Bedürfnisse der menschlichen Seele als *Pflichten* gegenüber dem Leben, bevor sie *Rechte* für die eigene Person sind. Wie die Philosophin selbst sagt: «Die Vorstellung von Pflicht kommt vor der des Rechts, die ihr untergeordnet und relativ ist.» Daher trat in dem ursprünglichen Titel ihres Texts das Wort «Pflicht» an die Stelle des Wortes «Recht», das doch das Schlüsselwort in einer eventuellen neuen Erklärung der Menschenrechte sein sollte. Um die Notwendigkeit der Verbindung zwischen der natürlichen und der übernatürlichen Ordnung zu rechtfertigen, verwendet Simone Weil in dem ebenfalls in jener Zeit entstandenen Text «Die Person und das Heilige» in Anlehnung an Platons *Timaios* das Bild des Baums mit doppelter Wurzel: «Allein das Licht, das fortwährend vom Himmel fällt, liefert dem Baum die Energie, die seine mächtigen Wurzeln tief in der Erde vergräbt. In Wirklichkeit ist der Baum im Himmel verwurzelt.» Hier wird das Problem der Entwurzelung und der Neu-Verwurzelung aufgeworfen. Für Simone Weil ist offenkundig, dass der moderne Mensch ein entwurzeltes Wesen ist. Schon die übermäßige Industrialisierung hat die Landflucht und das Elend der Fabrikarbeiter bewirkt. Dann weist sie auf viele andere Formen der Entwurzelung hin: als Folge der weltweiten Kolonialisierung, der Massenvernichtungskriege und des Totalitarismus, der Vertreibungen, der Deportationen und der Konzentrationslager. Hinter diesen kollektiven Phänomenen erkennt die Philosophin natürlich ein Drama, das die Menschheit in ihren Grundfesten erschüttert. Denn ungeachtet der tragischen Geschehnisse ihrer Zeit herrscht auf dem Gebiet des Denkens eine Ideologie, die die «Modernität» verherrlicht und sie zu einem Wert an sich erhebt.

Der moderne Mensch hat schon alles hinter sich und ist stolz, an nichts anderes zu glauben als an seine eigene Macht. Ein konfuser Wille zur Macht treibt ihn dazu, nur seinen Begierden zu gehorchen, die Natur nach seinem Belieben zu unterwerfen und keinen Standpunkt anzuerkennen, der außerhalb seiner eindimensionalen und verschlossenen Sicht liegt. Er gesteht sich Werte zu, die er selbst bestimmt hat. Da er alle Beziehungen zu einem Gedächtnis und einer Transzendenz gekappt hat, ist er in seinem Innersten schrecklich verängstigt, weil er sich inmitten des lebendigen Universums schrecklich allein fühlt. Er gefällt sich in einer Art Relativismus, der sich häufig zu Zynismus oder Nihilismus auswächst.

Um den Menschen dem Los der Entwurzelung zu entreißen, schlägt Simone Weil nicht einfach eine «Rückkehr auf heimatlichen Boden» vor. Eine Wieder-Verwurzelung ist für sie nur in der Wurzel des Wesens selbst annehmbar, durch die das lebendige Universum erschienen ist, in einer gut konstruierten, übernatürlichen Ordnung, die für eine gerechte und offene Entwicklung des menschlichen Schicksals sorgt. Die wahre Freiheit gründet auf der Befolgung der Gesetze des WEGES, die das Erlangen des wahren Lebens sicherstellt. Aus diesem Blickwinkel räumt die Philosophin der Seele eine Vorrangstellung ein. Ihrer Ansicht nach kann die Seele vielfältige Formen der Verirrung und Perversion erfahren, aber in dem von ihr so genannten «unveränderlichen Teil» der Seele – der an den «Seelengrund» bei Meister Eckhart erinnert – wohnt das Versprechen des Göttlichen. Neben der Seele ist der Geist als Instrument der Erkenntnis von größter Bedeutung; doch er steht im Dienst der Seele, die den natürlichen und unauflösbaren Nährboden jedes Wesens darstellt.

Bevor wir weitergehen, möchte ich Ihnen die ursprünglich als Einleitung zu *Die Verwurzelung* gedachten Zeilen zu lesen geben, in denen Simone Weil sich bemüht hat, in London unter den damaligen dramatischen Umständen das Wesentliche ihrer letzten Überlegungen darzulegen.

«Es gibt außerhalb dieses Universums, jenseits dessen, was die menschlichen Fähigkeiten erfassen können, eine Wirklichkeit, der im menschlichen Herzen die Forderung nach dem absoluten Guten entspricht, das sich in jedem Menschen findet. Aus

dieser Wirklichkeit leitet sich alles her, was hier unten gut ist. In ihr hat jede Pflicht ihren Ursprung.

Auf ihr gründet die Pflicht, die jeder Mensch ausnahmslos gegenüber allen Menschen zu erfüllen hat.

Diese Pflicht besteht darin, die irdischen Bedürfnisse der Seele und des Körpers eines jeden Menschen so weit wie möglich zu befriedigen [...].

Die Bedürfnisse eines Menschen sind heilig. Ihre Befriedigung darf weder der Staatsräson untergeordnet werden noch irgendeiner Erwägung in Bezug auf Geld, Nationalität, Herkunft, Hautfarbe noch moralischen oder anderen der betreffenden Person beigemessenen Werten noch irgendwelchen Umständen.

Die einzige legitime Begrenzung der Befriedigung der Bedürfnisse eines bestimmten Menschen wird durch die Notwendigkeit und die Bedürfnisse der übrigen Menschen bestimmt [...].

Es handelt sich nur um irdische Bedürfnisse, denn der Mensch kann nur diese befriedigen. Es handelt sich um die Bedürfnisse der Seele wie auch um die des Körpers. Die Seele hat Bedürfnisse, und werden diese nicht befriedigt, gerät sie in einen Zustand, der dem eines ausgehungerten oder verstümmelten Körpers gleicht.

Der menschliche Körper benötigt vor allem Nahrung, Wärme, Schlaf, Hygiene, Ruhe, Bewegung, reine Luft.

Die Bedürfnisse der Seele können mehrheitlich in gegensätzlichen Paaren geordnet werden, die sich ausgleichen oder ergänzen.

Die menschliche Seele bedarf der Gleichheit und der Hierarchie [...].

Die menschliche Seele bedarf des einvernehmlichen Gehorsams und der Freiheit [...].

Die menschliche Seele bedarf der Wahrheit und der freien Meinungsäußerung [...].

Die menschliche Seele bedarf einerseits des Alleinseins und der Intimität, andererseits des sozialen Lebens.

Die menschliche Seele bedarf persönlichen und kollektiven Eigentums [...].

Die menschliche Seele bedarf der Strafe und der Ehre.

Jeder Mensch, den ein Verbrechen außerhalb des Guten gestellt hat, bedarf einer Wiedereingliederung in das Gute mithilfe des Schmerzes. Der Schmerz muss mit dem Ziel verabreicht werden, die Seele dazu zu bringen, eines Tages frei anzuerkennen, dass der Schmerz gerechterweise verabreicht wurde. Diese Wiedereingliederung in das Gute ist die Strafe. Jeder Mensch, der unschuldig ist oder seine Strafe verbüßt hat, hat das Bedürfnis, dass seine Achtbarkeit als der aller anderen ebenbürtig anerkannt wird.

Die menschliche Seele bedarf der disziplinierten Teilnahme an einer gemeinnützigen Aufgabe, und sie bedarf der persönlichen Initiative zu dieser Teilnahme.

Die Seele bedarf der Sicherheit und des Risikos [...].

Die menschliche Seele hat vor allem das Bedürfnis, in mehreren natürlichen Umgebungen verwurzelt zu sein und über sie mit dem Universum zu kommunizieren.

Die Heimat, Umgebungen, die durch die Sprache, die Kul-

tur, durch eine gemeinsame geschichtliche Vergangenheit ab-
gegrenzt sind), der Beruf, die Ortschaft sind Beispiele für
natürliche Umgebungen.

Ein Verbrechen ist alles, was zur Entwurzelung eines Men-
schen führt oder verhindert, dass er Wurzeln schlagen kann.

Das Merkmal, an dem zu erkennen ist, dass irgendwo die
Bedürfnisse der Menschen befriedigt werden, ist eine Entfal-
tung von Brüderlichkeit, Freude, Schönheit und Glück. Dort,
wo es Zurückgezogenheit, Traurigkeit und Hässlichkeit gibt,
sind Entbehrungen zu heilen.»

In dieser Weise wandelt jedes Kapitel des ersten Teils
der *Verwurzelung* diese große Intuition ab, indem es
jedes Mal diese erklärende und gründende Formel an
den Anfang stellt: «Die Gleichheit ist ein lebensnotwendiges Bedürfnis der menschlichen Seele», «Die
Hierarchie ist ein lebensnotwendiges Bedürfnis der
menschlichen Seele», «Die Ehre ist ein lebensnotwendiges Bedürfnis der menschlichen Seele» usw.

Aber ich will Ihnen mehr über Simone Weils Werde-
gang erzählen, der sie dazu bewegt hat, der Welt diesen
großen Text zu schenken. Gehen wir noch einmal
etwas in der Zeit zurück: Wir befinden uns an der
Nahtstelle der Jahre 1937/38. Diese Jahre stellen
einen wichtigen Wendepunkt im Leben von Simone
Weil dar. Eine Reihe von Begegnungen, unerwartet …
und als wären sie erwartet, bewirken sie in ihr eine so

große Erschütterung, dass ihr ganzes Wesen darüber
ins Wanken gerät. In einem Brief an Pater Perrin, der
in *Warten auf Gott* enthalten ist, berichtet sie selbst
darüber. Hören Sie ihr zu: «Nach meinem Jahr in der
Fabrik und bevor ich in den Unterricht zurückkehren
wollte, hatten mich meine Eltern nach Portugal mit-
genommen, wo ich mich von ihnen trennte, um allein in
ein kleines Dorf zu fahren. Meine Seele und mein Körper waren in gewisser Weise entzwei. Es war Abend,
Vollmond, am Tag des Patronatsfestes. Am Strand zogen
die Frauen der Fischer in einer Prozession von Boot zu
Boot, sie hielten Kerzen in den Händen und sangen
uralte Kirchenlieder von herzzerreißender Traurigkeit ... Und plötzlich hatte ich die Gewissheit, dass das
Christentum die Religion der Sklaven sei, dass die
Sklaven nicht umhinkönnten, sich zu ihm zu beken-
nen, und ich mit all den anderen. 1937 verbrachte ich
zwei herrliche Tage in Assisi. Dort allein, in der kleinen
romanischen Kapelle aus dem 12. Jahrhundert, Santa
Maria degli Angeli, in diesem unvergleichlichen Wunder der Reinheit, wo der heilige Franziskus oft gebetet
hat, zwang mich etwas, das stärker war als ich, erst-
mals in meinem Leben niederzuknien. 1938 verbrachte
ich zehn Tage in Solesmes, von Palmsonntag bis zum
Dienstag nach Ostern, und ging zu allen Gottesdiens-
ten. Ich hatte starke Kopfschmerzen; jeder Laut tat
mir weh wie ein Schlag; ein äußerstes Bemühen um
Aufmerksamkeit ermöglichte mir, dieses erbärmliche

Fleisch zu verlassen, es für sich allein leiden zu lassen, zusammengesunken in seiner Ecke, und eine reine und vollkommene Freude zu finden in der unerhörten Schönheit des Gesangs und der Worte. Diese Erfahrung hat mir per Analogie erlaubt, die Möglichkeit besser zu verstehen, im Unglück die göttliche Liebe zu lieben. Es versteht sich von selbst, dass im Laufe dieser Gottesdienste der Gedanke des Leidens Christi ein für allemal in mich Eingang fand ... Es war da ein junger Engländer, der mir von der Existenz gewisser englischer Dichter aus dem 17. Jahrhundert erzählte, die als metaphysische Dichter bezeichnet werden. Als ich sie später las, entdeckte ich das Gedicht «Liebe» ... Ich übte mich darin, es zu rezitieren, indem ich meine ganze Aufmerksamkeit darauf verwandte und mit meiner ganzen Seele der Zärtlichkeit anhing, die es in sich birgt ... Im Verlauf einer dieser Rezitationen stieg Christus selbst zu mir hinab und nahm mich.»

Diese ganze Passage ist von entscheidender Bedeutung. Sie schildert die unvermittelte Wandlung eines atheistischen Geistes, der das Göttliche erkennt. Wenn man sie heute liest, glaubt man geradezu das Lied einer Seele in ihrer Begegnung mit Jesus Christus zu hören. Auf der Ebene des Denkens offenbart sich Simone Weil, dass die Wahrheit des Lebens nicht in abstrakten Ideen liegt, sondern in der Inkarnation, dass der höchste Zustand jedes Menschen nicht seinem kritischen Geist untersteht, sondern seiner Seele, die in Wirklichkeit allein fähig ist, auf den Ruf des höchsten WESENS zu antworten und es in einer Beziehung der Leidenschaft und des Einsseins zu umfassen.

Simone Weil hat sich nicht die Mühe gemacht, genau darzulegen, was die Seele ist. Für sie ist die Seele die ursprüngliche, also natürliche Heimat jedes Wesens, so natürlich, dass sie keiner Definition bedarf. Dennoch spricht sie sehr ausführlich darüber, damit man sich eine Vorstellung von den verschiedenen Aspekten machen kann, die sie in der Seele aufdeckt. Deshalb habe ich mir, wie ich Ihnen weiter oben sagte, die Mühe gemacht, neben *Warten auf Gott* auch die umfangreichen *Cahiers de Marseille* zu lesen, die zahlreiche interessante Passagen enthalten, die in *Schwerkraft und Gnade* nicht auftauchen. Was übrigens diese *Cahiers* betrifft, wie kämen einem da nicht andere in den Sinn, etwa die berühmten *Cahiers*, die uns Paul Valéry hinterlassen hat. Diese beiden Schriftensammlungen präsentieren sich uns heute als zwei erstaunliche Beiträge des 20. Jahrhunderts. Valéry, der geduldig Tag für Tag seine Überlegungen notiert, will das Funktionieren des Geistes, seine Absichten, seine Möglichkeiten erkunden. Simone Weil, die die Seiten fieberhaft, in der Vorahnung ihres nahe bevorstehenden Todes füllt, konzentriert sich ganz auf die Bewegung der Seele, ihre glühenden Bestrebungen, ihre Auszehrung ganz am Ende.

In Bezug auf den Unterschied zwischen Geist und

Seele weist Simone Weil ausdrücklich darauf hin, dass die Seele, mehr als der Geist, den eigentlichen Wert eines Wesens ausmacht. Sie schreibt: «Wo der Geist aufhört, Grundsatz zu sein, hört er auf, Ziel zu sein. Daher die unleugbare Verknüpfung zwischen kollektivem ‹Denken› in all seinen Formen und der den Seelen nicht mehr entgegengebrachten Bedeutung und Achtung. Die Seele ist der Mensch, der einen Wert in sich selbst hat.» Die Philosophin unterscheidet zwischen der Intelligenz, die den Geist lenkt, und der Liebe, aus der die Seele hervorgeht. Für sie ist «der Glaube die Erfahrung, dass die Intelligenz von der Liebe erhellt wird. Das Organ in uns, das uns die Wahrheit sehen lässt, ist die Intelligenz; das Organ, das uns Gott sehen lässt, heißt Liebe.» Und noch deutlicher sagt sie: «Die Intelligenz bedarf vollkommener Freiheit, einschließlich der, Gott zu leugnen, und folglich hat die Religion mit Liebe zu tun, nicht mit Bejahung oder Negierung … Auch wenn die übernatürliche Liebe nicht die Aufgabe hat zu bejahen, erfasst sie die Wirklichkeit umfassender als die Intelligenz […] Hört man Bach oder eine gregorianische Melodie, verstummen alle Fähigkeiten der Seele und konzentrieren sich darauf, diese vollkommene Schönheit zu erfassen, jede auf ihre Weise. Darunter auch die Intelligenz; sie findet daran nichts mehr zu bejahen oder zu verneinen. Sie nährt sich davon. Muss der Glaube nicht ein Bekenntnis dieser Art sein?»

Im Innern der Seele erkennt die Philosophin verschiedene Teile, aus denen jene sich zusammensetzt. So unterscheidet sie «die tiefe oder oberflächliche Region der Seele», «den mittelmäßigen Teil der Seele», «den vergänglichen Teil der Seele» oder «den übernatürlichen Teil der Seele». Letzterer gibt dem Menschen die Möglichkeit, schon hier unten «in der anderen Welt» seinen Platz zu finden.

Eine entscheidende Vorstellung in der Weltsicht von Simone Weil ist die von der Schönheit. Schönheit der physischen Gesetze, wie sie die Mathematik vorführt. Schönheit der Natur, die sich im künstlerischen Schaffen in all seinen Formen offenbart. Schönheit der Seele, die sich in der Schönheit der Geste ausdrückt, wobei die Geste Jesu die höchste ist, denn indem sie das Kreuz mitten in die Menschheit stellt, ist sie unübertrefflich.

In der Erfahrung, die die menschliche Seele in ihrem Bestreben macht, sich Gott anzunähern, sind Freude und Leid gleichermaßen präsent. Es empfiehlt sich, beide ganz und gar anzunehmen, denn alle beide sind Wege, die zur Wahrheit führen. In dem Maße, wie Simone Weil selbst körperliche Schmerzen erlitt, entsprechend dem Mitgefühl, das sie den anderen und überhaupt der von Menschen verursachten Katastrophe entgegenbrachte, die damals die gesamte Welt verfinsterte, dachte sie sehr viel über die Frage des Unglücks und des Leidens nach, eines Leidens, das Gott und die Menschen miteinander teilen, wie ihr Text «Das Unglück und die Gottesliebe» zeigt. Ihr zufolge bedeutet die SCHÖPFUNG von Anfang an seitens Gottes eine Form des Leidens: «Die Schöpfung ist von Gottes Seite aus nicht ein Akt der Ausweitung seiner selbst, sondern ein Akt des Rückzugs, des Verzichts ... Gott hat diese Minderung akzeptiert. Er hat aus sich einen Teil des Seins entleert. Er hat sich schon in diesem Akt der Gottheit entleert; darum sagt Johannes der Täufer, dass das LAMM schon bei der Erschaffung der Welt geschlachtet worden sei.»

Da Gott aus Liebe und für die Liebe erschaffen hat, ist die Freiheit die unverzichtbare Bedingung, die er den Menschen zubilligen muss, woraus sich alle Verirrungen ergeben, die von deren Seite möglich sind: «Wir sind, was am weitesten von Gott entfernt ist, an der äußersten Grenze, von wo aus es gerade noch möglich ist, zu ihm zurückzukehren. In unserem Wesen ist Gott zerrissen. Wir sind die Kreuzigung Gottes. Die Liebe Gottes für uns ist Leiden. Wie könnte das Gute das Böse lieben, ohne zu leiden? Und auch das Böse leidet, indem es das Gute liebt. Die gegenseitige Liebe zwischen Gott und dem Menschen ist Leiden.» Daraufhin richtet die Philosophin folgende Mahnung an uns: «Freude und Schmerz sind gleichermaßen kostbare Geschenke, die man beide vollständig genießen muss, jedes in seiner Reinheit, ohne sie zu vermischen zu suchen. Über die

Freude dringt die Schönheit der Welt in unsere Seele ein. Über den Schmerz gelangt sie in unseren Körper … Damit sich in uns dieser neue Sinn heranbildet, der es erlaubt, das Universum als die Schwingung des Wortes Gottes zu verstehen, sind die Tugend, die den Schmerz wandelt, und die Tugend der Freude gleichermaßen unentbehrlich.» An Jesus am Kreuz denkend, sagt sie noch dieses: «Im Unglück selbst erstrahlt die Barmherzigkeit Gottes. In seinem Innersten, im Zentrum seiner untröstlichen Bitternis. Wenn man, auf der Liebe beharrend, zu einem Tiefpunkt gelangt, an dem die Seele sich nicht mehr zurückhalten kann zu rufen: ‹Mein Gott, warum hast du mich verlassen?›, wenn man an diesem Punkt bleibt, ohne aufzuhören zu lieben, berührt man schließlich etwas, das nicht mehr das Unglück ist, das nicht mehr die Freude ist, sondern das zentrale Wesen, essentiell, rein, unempfindsam, sowohl der Freude als auch dem Schmerz gemein, die Liebe Gottes.»

Simone Weil hat keinen Zweifel daran, dass der letzte Zustand jedes Wesens seine Seele ist, die die Gegebenheiten des Körpers und des Geistes in sich aufgenommen hat und die einen Teil besitzt, der schon in der anderen Welt liegt. Dieser befreite Teil der Seele ist in der Lage, Gott zu erreichen. Als große Mystikerin wünscht sie nicht, dass Gott einem Geschöpf einen «Gefallen» erweist. Ihr einziger Wunsch im Moment des Todes ist, «nichts zu werden», denn ihre einzige

Absicht ist, von Gott empfangen zu werden, und sie untersagt sich jedwede subjektive Wunschvorstellung von einem Paradies. «Mein Gott, gewähre mir, nichts zu werden», betet sie, und sie fügt hinzu: «In dem Maße, wie ich zu nichts werde, liebt Gott sich durch mich.» An anderer Stelle wird sie deutlicher: «Ich habe mir immer untersagt, an ein zukünftiges Leben zu denken, aber ich habe immer geglaubt, dass der Augenblick des Todes die Regel und das Ziel des Lebens sei. Ich dachte, für die, die leben, wie es sich ziemt, sei er der Augenblick, wo für einen winzigen Bruchteil der Zeit die reine, nackte, sichere, ewige Wahrheit in die Seele eintritt.» Und ein weiteres Mal kommt sie auf den Ruf Jesu am Kreuz zurück: «Mein Gott, warum hast du mich verlassen?» – etwa acht Mal ist sie darauf zurückgekommen –, indem sie sagt, dass er «die perfekte Lobpreisung des Ruhmes Gottes» sei – denn erst dann sei man sicher, dass man sich Gott vollkommen hingegeben habe. Mehr erwartet sie nicht, selbst wenn sie nicht ablehnt, was zusätzlich noch kommen könnte: «Wenn Gott mehr zubilligt, ist das seine Sache; wir werden es später erfahren.»

Das ist im Moment alles, was ich Ihnen zu Simone Weil sagen kann. Es gibt so viele andere zu erkundende Aspekte in ihrem Denken, das von einem außergewöhnlichen Reichtum ist und eine außergewöhnliche Tiefe aufweist. Mein Ziel ist erreicht, wenn es mir gelingt, Sie für diese Persönlichkeit empfänglich zu machen, für die die Freundschaft die höchste Tugend ist. Machen Sie sie zu Ihrer Freundin, Sie werden nicht enttäuscht sein. Mehr als im Wissen wohnt die Wahrheit im Menschen.

In aller Treue,

F. C.

Siebter Brief

Meine liebe Freundin,

der Herbst ist da. Und ich gelange ans Ende dessen, was ich Ihnen über die Seele zu sagen hatte. Aber kann es da überhaupt ein Ende geben? Dringt man nicht in dem Maße, wie die Seele zur Seele spricht, in das Land des Einklangs ein, das dem Reich des Allmächtigen untersteht?

Erinnern Sie sich, dass ich mich bei unserer ersten Begegnung gefragt hatte: «Was ist geschehen?» Erneut frage ich mich auf diesem letzten Hügel des Wortes: Was bedeutet das, was geschehen ist? Warum hatten Sie den Wunsch, dass ich Ihnen von der Seele erzähle? Warum war ich so verwegen, auf Ihre Aufforderung zu antworten? Warum Ihnen und nicht einem oder einer anderen? Warum in diesem und nicht in einem anderen Moment? Warum letzten Endes, einer nicht unterdrückbaren Notwendigkeit gehorchend, diese tastende und zugleich entschlossene Durchquerung des geheimen Untergrunds unseres Wesens?

Habe ich Recht? Diese Frage überfordert mich.

Wenigstens habe ich mich bemüht, möglichst nahe an den Tatsachen zu bleiben, die ich beobachten konnte und die der Prüfung eines langen Lebens der Suche unterzogen worden sind. Sie haben von Claudel den Ausdruck «co-naissance» übernommen, um die Erfahrung zu benennen, die wir gerade zusammen gemacht haben, die Erfahrung einer Erkenntnis, die eine gemeinsame Geburt ist. Von meiner Seite aus würde ich sogar weitergehen und sagen, dass es sich zwangsläufig um Liebe handelt – im erhabensten Sinne des Wortes –, um eine Liebe, ohne die alles, worüber wir reden, nur an der Oberfläche bleiben könnte. Räumen wir dennoch ein, dass Sie trotz dieses Briefwechsels, der das Innerste von uns beiden berührt hat, noch eine Unbekannte für mich blieben. Und ich sage: «Es ist gut so.»

Ein glücklicher Zufall will es, dass ich in diesem Moment den Bariton Dietrich Fischer-Dieskau höre, der vor einigen Jahren verstarb. Er singt auf dieser alten Schallplatte, die älter ist als unsere Bekanntschaft, einen Liederzyklus von Beethoven. Damals stand er am Anfang seiner Karriere, mit dem jugendlichen, aber schon so beeindruckenden Feuer seines Elans. Sind wir fähig, diese Seelenfrische wiederzufinden, die uns in jener so vielversprechenden Zeit eigen war? Der Zyklus trägt den Titel *An die ferne Geliebte*. Ich bitte Sie, liebe Freundin, was von mir kommt – meine vorangegangenen Briefe und das, was noch als letztes Geständnis folgen wird –, als in diesem Sinne an Sie gerichtet zu empfangen.

Am Ende bleibt die Seele. In jedem Wesen kann dem Körper Verfall und dem Geist Schwäche widerfahren. Dann bleibt diese unauflösbare Entität, die dort von jeher bebt und das Kennzeichen der Einzigartigkeit jedes Wesens ist. Falls die Seele nicht von ihrem eigenen Teil zerstörerischer Triebe ganz und gar ertränkt, zunichtegemacht worden ist, steht sie mit dem im Werden begriffenen Lebensstrom – dem WEG – in Verbindung, denn sie unterliegt dem UR-HAUCH, der das eigentliche Lebensprinzip ist. *Aum-Anima, Anima-Aum.* Und vor allem: Da sie für die Einzigartigkeit eines jeden Wesens steht, ist sie dank ihrem besten Teil das unersetzliche Geschenk, das jeder in diesen besagten Lebensstrom einbringen kann, um so einen Beitrag zu dessen Möglichkeiten der Wandlung und Verklärung zu leisten.

Am Ende bleibt die Seele. Ich vergesse nicht die drei Ordnungen Pascals, die ich auch für mich in Anspruch nehme. In der unverzichtbaren Trias Körper – Geist – Seele erkenne ich vollständig die grundsätzliche Rolle des Körpers und die zentrale Rolle des Geistes an. Aber in Bezug auf das Schicksal eines einzelnen Menschen – ich sage es noch einmal – hat die Seele den Vorrang; sie ist sein persönlichster und darum kostbarster Teil, gewissermaßen der höchste Zustand seines Wesens. Von diesem Zustand ausgehend, ist jeder

Mensch in der Lage, in Einklang mit der Seele des Universums zu treten.

Als fruchtbarer Boden des Begehrens und des Gedächtnisses ist die Seele in meinen Augen eine Mischung aus Offenkundigkeit und Mysterium, von einer erstaunlichen Einfachheit, wenn auch gleichzeitig von einer schwindelerregenden Komplexität – die Untersuchungen in Psychologie und Psychoanalyse haben das bewiesen. Meine Absicht, das werden Sie verstanden haben, bewegt sich nicht auf diesem Niveau. Ich suche nur eine vollständigere Sicht zu umreißen, zu erfassen, welchen Platz die Seele in der Anlage unseres Wesens einnimmt, welche Rolle sie darin spielt. Und ich stelle fest, dass ihre weite Landschaft mit ihren vagen Umrissen unmöglich einzugrenzen ist. Auch ihre aus vielen bewussten und unbewussten Schichten bestehenden Tiefen übersteigen die Fähigkeit jeder noch so empfindlichen Sonde, die wir selber herstellen könnten. Dennoch lagern sich in ihr allerlei Spuren, Abdrücke, Furchen und Kielwasserstreifen ab, die sich für Untersuchungen durch Messinstrumente anzubieten scheinen, über die wir verfügen. Diese registrieren bis zu einem bestimmten Sichtbarkeitsgrad, was von Gehirn und Herz kommt und was von Geschlechtsorganen und Eingeweiden ausgeht. Die Seele erweist sich als ein gewaltiges Reservoir unerforschter Vorkommen, die nur darauf warten, anders genutzt zu werden. Nicht nur «die Erde ist ein Tal, in dem die Seelen wachsen» (Keats), sondern auch jede Seele selbst ist ein Tal, in dem das, was von einem gelebten Leben an Lebenswichtigem da ist, weiter wächst und sich verändert.

Was ich letzten Endes begriffen habe: Das wahre Leben ist nicht nur das, was als Existenz geschenkt wurde; es liegt in dem Begehren selbst nach Leben, in dem Drang selbst hin zum Leben. Dieses Begehren und dieser Drang waren seit dem ersten Tag des Universums da. Auf der Ebene jedes einzelnen Wesens jedoch gründen sie auf dem, was seine Seele – jenseits der empfangenen oder anderen zugefügten Prüfungen, Schmerzen, Sorgen, Schrecken und Wunden – an gespürten Empfindungen bewahrt hat, an erlebten Gefühlen, an unermüdlichen Bestrebungen zu einem eigenen Jenseits, an Durst und Hunger, so unendlich wie das grenzenlose Bedürfnis nach Liebe und Zärtlichkeit.

Auf die Gefahr hin, mich zu wiederholen, was ein bisschen zum unvermeidlichen Merkmal dieser Briefe gehört, möchte ich, Ihre Nachsicht vorausgesetzt, bestimmte bereits ausgedrückte Gedanken auf umfassendere Weise formulieren, indem ich versuche, noch einen Schritt weiter zu gehen.

Es gibt also das GROSSE GANZE, und es gibt jede einzelne winzige Seele. Und alles wird von jeher von jeder einzigartigen Seele erlebt. Trotz des Unglücks, das durch die Existenz des Bösen in all seinen Formen verursacht wird, findet ein gewaltiges Schenken statt.

Der ganze Sternenhimmel, die ganze Nährmutter Erde, die ganze Pracht des Tagesanbruchs und des Abends, die ganze Herrlichkeit des Frühlings und des Herbstes, der ganze das Universum beseelende HAUCH, der im Flug der Zugvögel mitschwingt, all die hohen menschlichen Lieder, die aus dem Tal der Tränen aufsteigen, all das bildet ein *Hier* und *Jetzt*, worin sich die Ewigkeit sammelt. Dieses *Hier* und *Jetzt* kann nur ausstrahlen, erblühen lassen und Früchte tragen, Echo und Einklang erzeugen und dadurch all seinen Sinn erhalten, wenn es von einer Seele erlebt wird. So ist dort eine gewaltige Lebenserfahrung gelagert, in all diesen Seelen, die keineswegs vage oder neutrale, inhaltslose Entitäten sind. Im Gegenteil, da sie das Genie des Körpers und des Geistes in sich aufgenommen haben, da sie die tragischen Umstände der irdischen Existenz auf sich genommen haben, sind sie in höchstem Maße zu Fleisch gewordenen und begehrenden Wesenheiten geworden und – bei ihrem Fortgang – zu Kandidatinnen für eine andere Lebensordnung.

Hier erreichen wir die große chinesische Eingebung des Dao. Ich sage «chinesische», denn nicht nur die Daoisten haben sie sich zu eigen gemacht, sondern auch Konfuzianer und später die Buddhisten. Ich sage «chinesisch», aber ich kann nicht übersehen, dass Christus sich im WEG inkarniert, er, der gesagt hat: «Ich bin der WEG und die WAHRHEIT und das LEBEN». Ist die Bewegung des WEGES eindimensional und geradlinig, so eben wie eine einfache Autobahn? Sowohl das östliche Denken als auch das Christentum lehnen diese vereinfachende Vorstellung ab. Beide erkennen die Notwendigkeit, verschiedene Ordnungen zu unterscheiden. Erinnern wir daran, dass es neben den drei von Pascal definierten Ordnungen auch die gibt, die Laozi, der Vater des Daoismus, vorgeschlagen hat: «Der MENSCH richtet sich nach der ERDE. Die ERDE richtet sich nach dem HIMMEL. Der HIMMEL richtet sich nach dem DAO. Das DAO richtet sich nach sich selber» (*Das Buch vom Weg und seiner Wirkung*). Diese Aussage bedeutet uns, dass das Abenteuer des LEBENS nicht nur Etappen beinhaltet, sondern auch Stufen. Daher verschiedene Ordnungen, die entsprechende Seinszustände bilden. Diese verschiedenen Ordnungen unterhalten äußerst enge lebenswichtige Bindungen untereinander. Gleichzeitig vollzieht sich von einer Ordnung zur anderen ein vertikaler Aufstieg, der das eigentliche Gesetz des WEGES ist, dessen Bewegung vom Bedürfnis nach Öffnung und Überschreitung, nach Wandlung und Verklärung geleitet wird. Vor allem aber unterstreicht das daoistische Denken – wie seinerseits Meister Eckhart – die Wandlerrolle des EINEN, das die Dinge immer wieder von oben aufgreift. Von dem EINEN geht das VIELFACHE aus; und das EINE nimmt sich des VIELFACHEN an. Kein Gehen ohne Rückkehr; kein Zerstreuen ohne Wiedervereinigung.

Erinnern wir daran, dass das EINE hier den UR-

HAUCH bezeichnet, mit dem der göttliche GEIST gemeint ist, von dem auch das harmonische Werden der Seele jedes Menschen abhängt. So macht Laozi einerseits deutlich, dass der HIMMEL, indem er sich an das EINE hält, seinen klarsten Zustand erreicht und die ERDE ihren stabilsten, und andererseits, dass die beiden Teile der Seele eines jeden Menschen, indem sie das EINE umschließen, getrennt werden und dennoch zusammenbleiben werden. Denn nach daoistischer Auffassung kehrt nach dem Tod eines Wesens seine *po*, «körperliche Seele», auf die ERDE zurück, während seine *hun*, «geistige Seele», zum HIMMEL aufsteigt. Der Vorrang wird der geistigen Seele eingeräumt. Sie garantiert das «Sterben ohne umzukommen», weil sie dem HIMMEL untersteht und der HIMMEL fähig ist, sich all dessen anzunehmen, was von der ERDE kommt.

Die Seele zeigt, dass sie mehr ist als das Kennzeichen der Einzigartigkeit jedes Wesens. Unsichtbar und unauflösbar sorgt sie letztendlich für die grundlegende Einheit des betreffenden Menschen. In der Tat kann jeder von uns, indem er sich auf das Atmen und das Streben unserer Seele stützt, eine offene Sicht des WEGES genießen, wobei unser individuelles Schicksal dort einen Ausgang findet. Darin liegt in Wirklichkeit die Bedingung für unsere wahre Freiheit.

Diese Freiheit, davon sind einige überzeugt, würde von jedweder Idee der Transzendenz zwangsläufig gemindert, mit den Füßen getreten. Sie sehen ihre Würde in der Autonomie des Individuums: In ihren Augen darf es weder etwas über ihm noch jenseits von ihm geben! Da aus ihrer Sicht das Universum nur Materie ist, weiß es auch nichts von seiner eigenen Existenz. Bei aller Bewunderung, die ich den großen Geistern unter ihnen zolle, erwidere ich ihnen: «Demnach hätte dieses ungeheure Erscheinen der Welt stattgefunden und insgesamt Milliarden Jahre gedauert, ohne dass sie selbst jemals etwas davon gewusst hätte? Und Sie, die Sie hier sind, haben während Ihrer flüchtigen Existenz – wenige Sekunden gemessen am Maßstab des Universums – *gesehen* und *gewusst*, und Sie wagen es, vor Ihrem Verschwinden zu erklären: ‹Da ist nichts›! Wie ist es dann zu erklären, dass dieses so unwissende und leblose Staubkorn fähig gewesen ist, so wunderschöne Wesen wie Sie hervorzubringen, die Sie das, was immerhin Ihr Ursprung ist, so von oben herab behandeln, indem Sie es als einfaches Untersuchungsobjekt betrachten? Mir scheint, an dieser Stelle gibt es eine Schwachstelle in dieser verschlossenen, sich ihrer selbst zu sicheren Vernunft, die sich weigert, ihren Gedankengang zu Ende zu führen. Eine echte Transzendenz, die unser Los mit einem umfassenderen Schicksal verbindet, schmälert nicht etwa unsere Werte oder unsere Verdienste, sie lässt uns wachsen. Sie ist das Offene.»

Am Ende bleibt jedem die Seele. Der körperliche

Tod ist Teil der vom Lebensprinzip auferlegten Gesetze. Er ermöglicht es dem Leben, sich zu erneuern, sich zu wandeln und zu einer anderen Seinsordnung zu gelangen. Der körperliche Tod, unsere «Schwester, der körperliche Tod», wie Franz von Assisi sagte, ist unausweichlich. Er ist ein Entreißen und somit schmerzlich. Aber die Bewegung des LEBENSHAUCHS findet unendlich weit jenseits des Todes statt. Sie wird nie aufhören, ihren WEG weiterzugehen, gemäß der von chinesischen Denkern formulierten Lebensweisheit *Sheng-sheng bu-xi*, «Das LEBEN erzeugt das LEBEN, ohne Ende». Im gesamten Universum, in der gesamten Ewigkeit gibt es nur ein einziges Abenteuer, das des Lebens, und wir sind ein Teil davon. Um mit einer wirklich offenen Inkarnation fortzufahren, hat der WEG wahrscheinlich nicht zu viel an all den Seelen, die, nachdem sie gelebt haben, nach dem wahren LEBEN streben.

Aum-Anima, Anima-Aum.
Amen.

François

Nachweis der zitierten Übersetzungen

S. 57–59, «So gleiche sie [die Seele] denn der zusammengewachsenen Kraft ...»:
Platon: Sämtliche Werke, Bd. 2, Berlin [1940]. Der Text
folgt der Übersetzung durch Ludwig von Georgii von 1853.

S. 59/60, «Solange wir noch den Leib haben ...»:
Platon: Sämtliche Werke, Bd. 1, Berlin [1940]. Der Text
folgt der Übersetzung durch Friedrich Schleiermacher von
1809.

S. 77, «aber ich ging fort ...», «eine unbeschreibliche
Freude ...»:
Deutsche Søren Kierkegaard Edition, Bd. 1, hg. von Her-
mann Deuser und Richard Purkarthofer, Berlin/New York
2005.

S. 78/79, «Der unendliche Abstand der Körper von den
Geistern ...»
Blaise Pascal: Gedanken, übertragen von Wolfgang Rütte-
nauer, Köln 1997 (mit geringfügigen Änderungen).

Bücher von François Cheng bei C.H.Beck

Fünf Meditationen über die Schönheit

Aus dem Französischen von Judith Klein
2. Auflage. 2017. 156 Seiten. Broschiert
Beck Paperback Band 6078

«Wieder und wieder mag man dieses Buch aufschlagen, stets
findet man einen Satz, der zum Nachsinnen einlädt.»
Florian Welle, Süddeutsche Zeitung

«Chengs Buch strahlt große Ruhe aus und rührt uns gelegent-
lich im Inneren so, wie es manchmal das Schöne tut.»
Susanne Mayer, DIE ZEIT

Fünf Meditationen über den Tod und über das Leben

Aus dem Französischen von Thomas Schultz
2015. 169 Seiten. Gebunden

«Wer François Cheng ein paar Stunden lang zuhört,
wird ein anderer Mensch.»
Le Figaro littéraire

«Eine anregende, vom fernöstlichen Denken
inspirierte Reflexion.»
Claire-Lise Tull, WDR 3

Verlag C.H.Beck München